신문배달원에서 세계 최고 경영자까지

김우중

신문배달원에서 세계 최고 경영자까지 김우중

ⓒ 이문열, 조동성, 한상진 외, 2005

초판 1쇄 인쇄일 | 2005년 6월 30일
초판 1쇄 발행일 | 2005년 7월 5일

지은이 | 이문열, 조동성, 한상진 외
펴낸이 | 김동영
펴낸곳 | 이지북

편   집 | 문재갑, 이양훈
디자인 | 이가현

출판등록 | 2000년 11월 9일 제10-2068호
주소 | 121-840 서울시 마포구 서교동 395번지 172호 상록빌딩 2층
전화 | 편집부 (02)324-2347, 영업부 (02)2648-7224
팩스 | 편집부 (02)324-2348, 영업부 (02)2654-7696
e-mail | ezbook21@hanmail.net

ISBN 89-5624-189-9 (03320)

값 9,700원

● 잘못된 책은 교환해 드립니다.
● 저자와의 협의하에 인지는 생략합니다.

신문배달원에서 세계 최고 경영자까지

김우중

길인수, 배병휴, 송우, 신승근, 이문열,
조남홍, 조동성, 최영국, 한상진 지음

이지북
ez-book

한 소년이 있었다. 소년은 새벽같이 일어나 달리고 또 달렸다. 신문을 팔아야 하기 때문이다. 소년의 배에서 꼬르륵거리는 소리가 났다. 하지만 그의 달음질은 더욱 빨라졌다. 사랑하는 가족들의 배 속에서도 그런 소리가 나고 있음을 알고 있었기 때문이다.

소년이 자라 청년이 되었다.

서른한 살이 된 그는 사업을 시작했다. 5백만 원을 빌려 시작한 사업이었지만, 그의 눈에는 대한민국이라는 시장이 좁게만 느껴졌다. 그래서 청년은 고개를 들었다. 곧 나라 밖 세상이 하나 둘씩 시아에 들어왔다.

세상에는 인구가 많은 나라, 자원이 풍부한 나라, 그리고 돈이 많은 나라들이 수두룩했다. '세상은 참으로 넓은 곳이구나!' 청년은 감탄했다. 그 순간 청년의 뇌리에 한 가지 영상이 떠올랐다. 그것은 작은 알 속에 갇혀 있는 자신의 모습이었다.

청년은 하늘을 날고 싶었다. '많은 일'을 하고 싶었다. 그래서 자신을 가두고 있던 알을 깨버렸다. 그와 동시에 사방에서 날카로운 이빨을 드러낸 적들이 다가와 으르렁거렸다. 하지만 당황하지 않았다. 당당하게 맞서 싸웠다.

어떤 적은 이빨을 갈며 내일을 기약했다. 또 어떤 적은 마음을 돌려 친구가 되어주기도 했다. 그러는 사이에 청년에게는 많은 가족이 생겼다. 그래서 더더욱 자신감이 생겼다.

한때는 20만 명에 이르는 가족을 이끌고, 스스로 세계를 경영하겠다며 큰소리를 치기도 했다. 하지만 세상은 그에게 많은 시간을 허락하지 않았다. 어디선가 다가온 거대한 손이 그의 날개를 단번에 꺾어버린 것이다.

그가 땅에 떨어지자마자 한때는 영웅이라 칭송하며 우러르던 사람들이 마구 돌팔매질을 해댔다. 그 때문에 끼니를 해결할 수 있었던 사람도, 그로 인해 세상 사는 법을 배웠던 사람도 마찬가지였다.

한 남자가 있다.

몇 올 남지 않은 백발이 유난히 초췌해 보이는 한 남자가, 한 평 반도 되지 않은 좁은 방에 갇혀 있다. 그는 너무 높이 날고 싶어 무리를 했다고 고백했다. 그로 인해 파생된 여러 가지 잘못에 대한 죄를 청하고 있다.

이제 모든 것은 예정된 절차에 따라 밝혀질 것이며, 처리될 것이다. 따라서 그 때문에 이성을 잃었던 사람들이 조금은 차분해졌으면 하는 바람을 가져본다.

—편집부

머리말 4

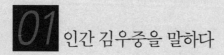

01 인간 김우중을 말하다

02 대우의 흥망성쇠와 황제의 쓸쓸한 귀환

03 아직도 끝나지 않은 김우중의 세계경영

인간 김우중을 말하다

01

내가 만난 김우중_이문열

내가 전 대우그룹 김우중 회장과 처음 마주한 것은 1980년대 말의 어느 여름날이었다. 남산에 있는 힐튼 호텔 중국식당에서였는데, 김 회장의 엄청나게 빠른 식사 속도가 먼저 기억난다. 그러나 그때만 해도 40대 초반의 젊은 작가였던 나와 그 무렵 우리나라에서 첫째, 둘째를 다투던 대기업 총수였던 김우중 회장이 그렇게 만나게 된 까닭을 밝히기 위해서는 그 전에 있었던 일부터 말해야겠다.

첫 만남

아마도 1989년 초여름 어느 날이었다. 그날 오전, 간밤 늦게까지 글을 쓴 내가 늦은 아침을 먹고 쉬고 있는데, 아끼는 문단 후배 하나가 찾아와 한숨을 쉬며 말했다.

"큰일 났습니다. 이대로 가다가는 우리 문단의 허리가 내려앉겠습니다. 출판 불황 때문에 지금 우리 신진작가들의 생활이 말이 아닙니다. 다른 분야에 비해 나빠졌다는 정도가 아니라, 생존 자체가 위협 받을 만큼 열악해졌습니다. 이건 일종의 공황(恐慌)입니다. 그냥 보고 있어서는 안 될 것 같습니다."

그런 서두와 함께 그 후배는 당시 출판계가 겪고 있는 불황과 더불어 신진작가들이 빠져 있는 경제적 곤궁을 전해주었다. 이미 중견이라 해도 좋을 L작가는 서울 변두리에 있는 아파트를 팔아 경기도로 옮기고 그 차액으로 생활하며 버티기에 돌입했으며, 신문 연재까지 해서 또래들보다 비교적 형편이 좋았던 또 다른 신진작가는 모든 적금저축을 깨어 불황의 장기화에 대비하였다고 했다. 그러나 이들만 해도 부빌 언덕이 있지만, 나머지는 더 험한 처지에 빠져 있었다. 어떤 작가는 급한 대로 몇 백만 원씩 출판사의 선금을 받아 쓰다 보니 앞으로 3년 안에 장편소설 9편을 쓰지 않으면 고소를 당할 처지에 몰렸고, 다른 어떤 신진은 처자를 거느리고 처가살이에 들어갔다고 했다.

그 밖에도 그 후배는 동료 문인들이 던져져 있는 여러 가지 기막힌 상황을 두루 전해주면서 넌지시 물었다.

"어떻게 그들을 도울 길이 없을까요? 이건 소설가 누구누구의 문제가 아니고 한국 문단의 문제입니다. 한국 문단의 미래를 위해 마땅히 보호되어야 할 정예들까지 생활고에 질식할 상황에 이른 겁니다."

그 뒤로 갈수록 심화된 출판 불황, 특히 소설 시장의 위축을 놓고 보면, 그때 그 후배의 말은 다분히 과장되고 왜곡된 데가 있었다. 그러나 듣고 있는 내 기분은 놀랍고도 안타까웠다. 그때까지도 나는 아직 이 나라에서 가장 잘나가는 작가로서, 그와 같은 불황과는 거리가 먼 무풍지대에 있었기 때문에 더욱 그랬는지도 모를 일이었다.

그날 그 후배가 돌아간 뒤 나는 급한 글쓰기조차 미뤄두고 내가 할 수 있는 일이 무엇인지를 곰곰이 생각해보았다.

먼저 헤아려본 것은 내 자력(自力)으로 무언가 그들에게 도움 될 일을 하는 것이었다. 그때는 아직 부악문원(負岳文院)을 열기 전이라 내 여유를 긁어모으면 그들에게 얼마간은 도움을 줄 수 있을 것도 같았다. 하지만 생각이 지원의 규모와 기한에 미치자, 자력으로는 아무래도 한계가 있었다.

경제적 지원으로 보호해서 이 위기를 넘겨야 할 핵심적인 작가를 여섯 정도로 최소화하고, 그들의 기본 생활비를 월 1백만 원(당시 중요 일간지 소설연재 고료의 절반 정도)으로 잡아도, 내 자신의 경제력만으로는 그 지출을 오래 감당하기에는 무리였다. 거기다가 작가의 창작에 심리적인 부담을 주지 않는 지원의 형태로도, 불안정한 사적(私的) 희사(喜捨)보다는 안정된 제도적 보조가 나을 듯했다.

하지만 그날 오후 내가 그 지원요청을 하필이면 대우그룹 김우중 회장에게 하게 되었는지는 얼른 그 까닭이 떠오르지 않는다. 그때까지 나는 김 회장과 한 번도 만난 적이 없을 뿐만 아니라, 대우그룹과도 아무런 연고가 없었다. 그런데도 김 회장을 먼저 찾아보기로 한 것은 아마도 내 책 대부분을 출판한 민음사를 드나들면서 보고 들은 것 때문이 아닌가 싶다.

그때 대우문화(학술)재단은 민음사에 위탁해서 〈대우총서〉란 책을 내고 있었다. 연구비와 원고료를 전액 지원하고 나중에 출간된 책 일부를 사주는 형태로 여러 분야의 전공서적을 냈는데 볼 만한 책이 많았다. 어떤 때는 전공자가 우리나라를 통틀어 1천 5백 명도 안 되는 분야의 책을 1천 부 장정본으로 내어 사람을 놀라게 하기도 했다.

내가 알기로, 〈대우총서〉는 민음사에서 1백여 권을 내고 대우문화재단 관할로 넘어간 뒤에도 오랫동안 좋은 책을 많이 출간했다. 몇 백 권이 되는지는 정확히 기억하지 못하나, 우리 문화학술의 발전에 기여할 만한 책들이었다는 것만은 장담할 수 있다. 내가 김우중 회장과 처음 만난 이야기와는 얼핏 무관해 보이는 뒷일이지만, 이 또한 대우문화(학술)재단의 활동 일단을 보여주는 것이라 싶어 곁들여둔다.

어쨌든 전화번호 안내 서비스를 통해 대우그룹 비서실의 전화번호를 알아낸 나는 무턱대고 김우중 회장에게 면담요청을 했다. 그때 대우는 세계경영을 앞세우고 세계를 누비던 국제적인 대기업이었고, 어떤 면에서는 그 번성의 절정에 있을 때였다. 그만큼 김우중 회장도 분주했을 것인데, 나는 아무렇지도 않게 면담을 요청하고 당연하다는 듯 그 즉답을 기다렸다. 이제 와서 돌이켜보면 그런 내 자신만만함이 조금은 기이하다.

대우그룹 회장 비서실에서 김우중 회장과 면담할 장소와 시간을 알려온 것은 내가 전화를 낸 지 채 한 시간도 지나지 않았을 때였다. 바로 그날 저녁 여섯 시 반에 힐튼 호텔 중국식당에서 만나자는 것인데, 전화가 온 그때 벌써 시간은 오후 네 시를 넘기고 있었다. 그 예상 외로 빠른 시간 때문에 비로소 나는 그 만남의 예외적 특성에 대해 생각해보게 되었다.

그 무렵 김 회장은 국내보다 해외에 더 많이 나가 있을 때였고, 국내에 있어도 늘 분초(分秒)를 다툴 만큼 바쁜 사람이었다. 그런데 나는 용케 국내에 체류할 때를 골라 전화를 한 데다, 또 운 좋게도 면담을 요청한 지 네 시간도 안 돼 만날 수 있게 되었다. 어차피 해야 할 저녁식사 시간을 활용하는 것이란 생각이 들었지만, 그래도 내게는 김 회장의 그같이 특별한 배려가 은근히 감동스럽기 시작했다. 사업가들에게 식사시간이란 사업상의 교류와 거래, 조정과 탐색을 위해 얼마나 요긴한 장(場)인지쯤은 나도 알고 있었기 때문이었다.

시간에 맞춰 약속장소에 가니 김우중 회장은 벌써 와서 기다리고 있었다. 혼자였다. 그 자리에서 인사를 나누었으나, 생전 처음 만나는 사람끼리 마주 앉게 되자 갑자기 어색하고 쑥스러워졌다. 내가 가져간 용건이 너무 난데없고 일방적이란 생각이 그제야 불쑥 들었다. 거기다가 김우중 회장도 그렇게 재치 있는 담화가(談話家)는 못 되어 겨우겨우 겉도는 이야기를 이어가는데, 바로 식사가 들어왔다.

식사는 코스를 따라 차례로 나오는 중국식 요리로, 내게서 어색함이 덜해진 것은 음식이 몇 차례 나온 뒤였다. 김우중 회장은 무슨 중요한 업무를 성실하게 수행하는 것처럼 식사를 했다. 식사 사이에는 거의 말하는 법 없이, 되도록이면 빠르고 정확하게 자기 앞에 놓인 접시를 비우는 식이었다. 그게 이상하게 마음을 편하게 해주어 나도 경쟁하듯 빠르고 정확하게 내게 돌아온 접시를 비워대는 사이에, 차츰 무엇이든 자연스럽게 말할 수 있는 기분이 되었다.

"그래 무슨 일로 나를 만나자고 했습니까?"

마지막 디저트까지 자신의 몫을 정확하게 비운 뒤에 김우중 회장이 그렇게 물어오자, 나는 별로 머뭇거리지 않고 무슨 청구서 내듯 내 요청을 디밀었다. 내가 지정하는 여섯 명의 신진작가에게 한 달에 1백만 원씩 익명으로 우선 1년만 송금해달라는, 지금에 와서 돌아보면 좀 엉뚱한 요청이었다. 그리고 스스로도 너무 난데없다 싶어 그것이 필요한 배경을 장황하게 설명하려는데, 차인지 커피인지를 역시 단숨에 훌쩍 마셔버린 김 회장이 말했다.

"알겠습니다. 그러면 비서실에 그 여섯 명의 계좌번호를 알려주십시오. 제 개인 계좌를 통해 가명으로 송금하겠습니다."

딴에는 단단히 마음먹고 찾아간 내가 오히려 맥이 빠질 정도로 선선한 승낙이었다. 그게 너무 고마워서 미안해 어쩔 줄 몰라하며 감사를 표시하는 내게 김우중 회장이 한 대꾸가 또 한 번 내 가슴을 뭉클하게 했다.

"이 나라에서 그 정도 할 수 있는 사람이 이 나뿐만은 아닐 겁니다. 그런데 이(李) 작가가 유독 나를 골라 부탁해주어서 나 같은 사람도 작으나마 문단에 보탬이 될 수 있는 기회를 얻게 되었으니, 오히려 고마워해야 할 사람은 납니다."

솔직히 말해 지금도 나는 그때 김 회장이 내 부탁을 들어준 것 자체보다, 내 부탁을 들어준 그와 같은 마음가짐이 훨씬 더 감동스럽다.

그 후 일은 내 요청대로 진행되었다. 며칠 뒤 나는 여섯 명의 신진작가를 골라 그들의 계좌번호를 대우그룹 회장 비서실로 넣어주었다. 작가들의 연령층을 30대로 제한했던 것이나, 이른바 '민중민족' 문학 쪽 작가들에게도 절반을 안배했던 것 따위 인선(人選)에 얽힌 뒷얘기가 조금 있지만 그건 또 다른 이야기가 되겠다.

나는 처음 마음먹은 대로, 지원 받는 작가들에게 부담을 주기 싫어 그 재원(財源)이 어디서 나왔는지 밝히지 않았다. 또 내가 직접 돈을 만지는 일이 부담스러워 송금도 끝까지 대우 비서실에 맡겨 가명으로 했기 때문에 그 여섯 명의 작가들 거의가 누가 도와주었는지조차 몰랐을 것이다. 그때 지원 받은 작가들 중에 두 사람은 나도 지금까지 만나본 적이 없다.

그렇게 시작된 김우중 회장의 문학 지원은 제도로 정착하지 못하고 일 년 뒤 단명(短命)으로 끝나버렸다. 일이 그렇게 된 데는 그런 지원을 제도화하는 데 따르기 마련인 말썽과 성가심이 나를 질리게 한 탓도 있지만, 과연 그때의 우리 문단 상황이 그렇게 해야 할 만큼 비상한 것이었으며 내가 즉흥적으로 고른 그와 같은 방법은 또 온당했던가에 대한 의문도 있었다. 그러나 한 가지 분명히 말해둘 것은, 결코 김우중 회장이 더 이상 지원하기를 거절해서 일이 그리된 것은 아니었다는 점이다.

김우중 회장을 폄하하는 사람들은 그의 문화학술 지원사업에 대해 '죽 솥 맡은 부엌데기 인심 쓰듯' 제 돈도 아닌 것을 여기저기 제 이름 붙여 펑펑 쏟아 부었다고 빈정거린다. 더욱 심하게는 그것마저도 기업적 사기행각을 분식하는 수단이었다고 단언한다. 어디까지가 진실인지 잘라 말할 수는 없으나, 내가 그때 김우중 회장에게서 본 것은 후원자(後援者) 문화의 한 전범(典範)이라고 할 만큼 문화에 대한 진지하고도 겸손한 이해와 성의였다.

두 번째 만남

1992년 연말, 나는 대우그룹 홍보실로부터 전화 한 통을 받았다. 회장님의 연말연시 여행에 동행할 수 있겠는가, 하는 조심스런 물음이었다. 그러나 나는 처음 그게 무슨 뜻인지 얼른 알아듣지 못했다. 지난번에 김우중 회장에게 신세진 일 때문에 박절하게 거절하지 못하고 내 일정을 살펴본 뒤에 결정하겠노라고 답한 뒤, 그 여행의 성격이 어떤 것인지부터 알아보았다.

그 무렵 김우중 회장은 해마다 연말연시가 되면 세계에 흩어져 있는 대우그룹 사업현장을 둘러봄과 아울러 새로운 사업구상을 위해 보름 정도 여행을 하는 관례를 굳혀가고 있었다. 그때 그룹 밖의 문화계 인사한 사람을 초청하여 동행했는데, 그 이태 전에 동행한 사람은 김용옥 전(前) 고려대 교수였다. 김 교수는 나중 그 여행에서 김우중 회장과 주고받은 말로 《대화》라던가 하는 책을 펴내기도 했다고 한다.

어쨌든 그와 같은 여행의 성격을 알고 나자 나는 조금 난감해졌다. 지난번에 베풀어준 후의가 하도 생광스러웠던 터라 김우중 회장이 바란다면 열 번이라도 가야 했지만, 그 여행으로 무언가를 반드시 써야 한다면 적이 부담스러운 일이 아닐 수 없었다. 하지만 다행히도 그런 부담은 마지막으로 동행 여부를 묻던 대우그룹 홍보실 임원이 덜어주었다.

"그건 김 교수님께서 스스로 하신 일이지 저희들이 청한 건 아닙니다. 아무것도 쓰시지 않아도 좋으니 부담 없이 다녀오시지요. 오히려 한 작가로서 좋은 취재여행이 될 수도 있을 것입니다."

김용옥 교수를 들먹이며 넌지시 책 쓰는 일에 대해 묻는 내게 그 임원이 시원스레 해준 대답은 그랬다. 그래서 김우중 회장과의 두 번째 만남이 있게 되었고, 1992년 연말의 '대우 바이킹 호 승선기(乘船記)'가 시작되었다. 따로 메모해둔 것도 없고 자신만만해하던 기억력도 전과 같지 않지만, 그래도 인상 깊었던 몇 가지 일은 아직도 선연하게 떠올릴 수 있을 것 같다.

'대우 바이킹 호'는 그해 김우중 회장이 전용기로 세내어 썼던 아에로플로트의 대형 항공기에 내가 붙인 별명이었다. 보잉으로 치면 727쯤이나 될까, 백여 명이 탑승할 공간에 일부 사무설비를 곁들인 소련제 여객기였다. 대여섯 명의 사장단과 여남은 명의 각 계열사 임원진 그리고 비서진과 수행원를 합쳐 수십 명이 동승했는데, 그런 그들에게서 바이킹의 약탈선을 연상한 것은 무슨 까닭이었을까.

수렵, 채취나 농경, 목축 같은 생산 이외의 활동으로 재화(財貨)를 획득하는 방법으로는 약탈경제와 교환경제가 있다. 그중에서도 교환경제는 가장 마지막으로 발전된 형태이고, 교환에 참가한 쌍방 모두의 이익이 가정되어 있다. 그러나 실제 교환의 현장은 종종 속임수나 자본의 위력 같은 것이 끼어들어 불평등 계약으로 변형되며, 약탈의 본질을 드러내기도 한다. 아마도 그때 나는 '세계경영'이란 말로 꾸며진 대우의 현대적 이윤추구 활동에서 바이킹의 약탈선에서와 같은 치열한 재화 획득 열망을 느꼈던 듯하다.

그 바이킹호로 크리스마스 다음 날인가 서울을 떠난 나는 그 뒤 여남은 날 눈이 핑핑 돌 정도로 세계 여러 나라를 돌았다. 대개 대우의 사업 현장이 있는 나라들로, 러시아, 이집트, 수단, 미얀마, 베트남, 파키스탄, 이란, 이렇게 일곱 나라를 들렀던 것은 뚜렷이 기억한다. 대개 이틀에 한 번 꼴로 비행기가 떴는데, 그때 대우 전세기가 여러 나라를 드나드는 시간이 또 영락없이 바이킹 선의 출몰을 닮아 있었다. 비행기 안에서 잠을 잠으로써 시간을 아끼려는 김우중 회장의 지시 때문에 비행기는 언제나 깊은 밤 짙은 어둠 속에 떠서 희붐한 새벽에 내렸다.

그때 체공(滯空) 시간은 대개 대여섯 시간, 서둘러 눈을 붙여도 다섯 시간을 푹 자기가 어려웠다. 하지만 그 시간을 확보하기 위해서도 비행 일정은 뒤틀려져, 아시아에서 잠들어 유럽에서 깨고, 유럽에서 잠들어 아프리카에서 깨는 식으로 이어갔다. 내 기억에 그 여행 기간 동안 땅 위에서 잔 게 채 절반을 크게 넘지 않을 성싶다.

김우중 회장은 '일 중독자'라는 항간에 떠도는 말이 결코 헛소문이 아님을 내가 실감한 것도 그 여행을 통해서였다. 그때는 나도 아직 젊고 욕심에 차 있어 이 나라에서 누구 못지 않게 많이 일한다고 자부하고 있었다. 적어도 하루 열 시간 이상 쓰고, 다섯 시간은 무언가를 읽거나 쓰는 것과 관련된 일을 하고 있었기 때문이다. 하지만 김우중 회장과 동행한 지 사흘도 안 돼 나는 정말로 열심히 일한다는 것이 어떤 것인지를 그제야 알 것 같은 느낌이 들었다.

그 여행에서 김우중 회장이 하는 가장 중요한 일은 그 나라의 원수나 경제 각료, 그리고 대기업가들을 만나 상담(商談)을 나누는 것이었다. 러시아에서는 옐친이 나왔고, 버마와 수단에서도 당시의 국가원수가 나왔다. 이란, 파키스탄, 베트남, 이집트에서도 경제부처 장관이나 국토개발 관련 각료들이 나왔던 걸로 기억한다. 따라서 나는 언젠가 그 경험이 내 글을 위해 필요할지 모른다는 생각에 욕심이 생겨 여행 첫날부터 가능하면 김우중 회장의 상담에 배석시켜주기를 요청했다.

그런데 이틀이 지나면서 나는 그 요청을 후회하기 시작했다. 조찬 회동, 오전 상담 한두 차례, 오찬 회동, 오후 상담 또 한두 차례, 만찬 회동, 그리고 다시 야간 상담…… 이렇게 상담에서 상담으로 이어지는데, 나는 가만히 앉아 구경만 해도 서너 번이면 벌써 지쳐 떨어질 지경이었다. 그리하여 사흘째 되던 날 나는 회장 수행비서에게 일정조정을 부탁하지 않으면 안 되었다. '하루 세 번, 그 나라의 원수나 최대기업 총수와의 만남이 있을 때만' 배석할 수 있도록 해달라고 사정하게 된 것이었다.

앞서 한 번 스쳐지나간 별난 식사 시간 얘기도 김우중 회장의 '일 중독자' 다운 행태와 관계있어 보인다. 한 번 더 재미있게 얘기하자면, 대우에서의 직급은 식사 시간의 길이와 반비례하는 것 같았다. 곧 직급이 높을수록 식사하는 데 걸리는 시간이 짧다는 뜻인데, 그걸 알게 된 것도 그 여행을 하는 동안이었다.

나도 밥을 빨리 먹는 습관이 있어 점잖은 손님을 청했을 때는 민망해지는 때가 많다. 그런데 대우 사장단 틈에 끼면서 그런 내가 오히려 느

림보가 되고 말았다. 첫날 비행기에서 내려 제대로 된 식사를 하게 되었을 때였다. 예의 차려가며 천천히 먹던 내가 겨우 반 그릇이나 비웠을까, 갑자기 '탁' 하는 소리가 나서 보니 그새 식사를 마친 김 회장이 상 위에 숟가락을 놓는 소리였다. 이어 '타다닥' 하면서 나머지 사장단의 수저 놓는 소리가 나고 돌아보니 그때까지 밥그릇을 끼고 앉은 것은 나뿐이었다.

그날은 조금 불편했지만 속으로 나는 옳거니, 했다. 이제 눈치 보지 않고 평소처럼 후닥닥 먹어치워도 되겠구나 싶었는데, 다음 끼에 해보니 그게 쉽지 않았다. 내 딴에는 속도를 낸다고 내보았지만 사장단 식탁에서는 언제나 내가 꼴찌였다. 여행이 끝날 때쯤에야 겨우 사장단과의 식사시간 차이를 조금 줄였을 뿐이었다.

그러다 보니 김우중 회장과 일행 모두가 한자리에 앉아 회식하게 되는 날은 웃지 못할 희극들이 벌어졌다. 직급이 낮을수록 식사 전에 챙겨야 할 일들이 많아 늦게 상머리에 앉게 되기 일쑤인 데다, 빨리 먹는 단련까지 모자라 반 그릇도 제대로 비우지 못하고 자리를 일어서는 수가 많았다. 어찌 보면 남의 사정을 너무 몰라주는 것 같지만, 일에 골몰해 늘 시간에 쫓기는 사람이 눈치 없이 서두는 것을 마냥 나무랄 수만도 없는 일이다.

달리는 말 위에서 먼 산 바라보듯 하기는 했지만, 김우중 회장의 '일중독'이 그때 돌아본 세 대륙에 펼쳐놓았던 자취들도 몇몇은 아직 선연하게 떠올릴 수 있다. 옐친과의 면담으로 추진되어 연산(年産) 백만 대를 목표하던 중앙아시아의 자동차 공장, 강경한 호메이니 정권의 해당 각료가 안내원처럼 나서 유치를 원하던 이란의 도로통신 관련 산업, 대우가 차관까지 주선해주며 수주했던 파키스탄의 고속도로, 베트콩 출신의 하노이 시장이 나와 요청하던 호텔 건립과 생산기지 유치—그런 것들이 논의되는 자리를 그때 나는 구경했다. 새벽 공항마다 나와 기다리던 리무진 행렬과 김우중 회장을 마중 나왔던 경제 각료들, 때로 따라붙던 국빈 대우의 경호행렬, 수단이 국가 기간산업이나 되는 양 자랑 삼던 대우의 타이어 공장과 그곳까지 나왔던 수단의 군부 실세, 소련으로부터 원유와 비행기로 현물 결제를 받는 바람에 어쩔 수 없이 정유회사 사장과 항공사 사장을 겸하게 된 이집트 재벌의 환대, 현장이 있는 곳마다 나와 있던 수천 명 대우 가족들과 김우중 회장과의 가족적인 만남의 정경, 대우 마크가 붙은 작업복을 가장 멋진 나들이옷으로 여기며 걸치고 다니던 버마 청년들도 나는 아직 기억한다. 그 뒤 한동안 김우중 회장을 떠올릴 때마다 무슨 휘황한 후광처럼 빛나던 기억이었다.

그러나 1990년 후반의 어느 날 홀연 그 후광은 스러지고 신화는 무너졌다. 김우중 회장의 이미지는 수만 리 이역에서 숨어 지내는 고달픈 경제사범에서 파렴치한 국제사기꾼까지, 그리고 권력의 희생양에서 실패한 정경유착(政經癒着)의 전형적인 사례까지, 다양한 편차로 재편성되어 유포되었다. 그리고 다시 6년이 지난 지금, 검찰은 돌아온 김우중 회장을 상대로 우리 시대의 가장 흥미로운 진실게임을 시작하였다.

두 번의 스쳐가듯 한 엷은 인연으로 김우중 회장의 진실을 말하기는 어려울 것이다. 복잡하고 엄중한 경제원리에 대해 별로 아는 바 없는 한 작가로서는 더욱 그렇다. 하지만 그런데도 수감되는 김 회장을 보며 한 불행했던 여성 시인의 시 한 편을 떠올리게 되는 것은 무슨 까닭일까. 적치하(赤治下)의 서울에 남겨졌다가 부역(附逆)의 죄를 쓰게 된 그 여성 시인과 뿌리 깊은 정경유착의 전통 때문에 어차피 기형적일 수밖에 없는 경제원리에 얽매어 분투하다가 사기 혐의까지 받게 된 김우중 회장이 던져진 상황의 유사성 때문에 느끼게 된 동정에서일까, 아니면 정(情)에 약한 문사(文士)의 순전히 주관적 감상 때문일까.

어제 나에게 찬사와 꽃다발을 던지고

우레 같은 박수를 보내주던 인사(人士)들.

오늘은 멸시의 눈초리로 혹은 무심히

내 앞을 지나쳐버린다.

청춘을 바친 이 땅.

오늘 내 머리에는 용수가 씌어졌다.

고도(孤島)에라도 좋으니 차라리 머언 곳으로

나를 보내다오.

……(중략)……

나와 친하던 이들, 또 나를 시기하던 이들

잔을 들어라, 그대들과 나 사이에

마지막 작별의 잔을 높이 들자

우정이라는 것, 신의라는 것,

이것은 다 어디에 있는 것이냐.

생쥐에게나 뜯어 먹게 던져주어라.

—노천명의 〈고별〉에서

이문열 1979년 동아일보 신춘문예에 소설 〈새하곡〉이 당선되면서 등단했다. 대표적인 작품으로
《사람의 아들》, 《젊은 날의 초상》, 《우리들의 일그러진 영웅》, 《레테의 연가》 등이 있다.

02

대우인의 가슴에 꺼지지 않는 불꽃_최영국

"요즘처럼 기업인들의 의욕이 위축된 시절은 일찍이 없었습니다. 그런 까닭인지, 할 수만 있다면 기업을 포기하고 싶다는 솔직한 탄식도 어렵지 않게 듣곤 합니다. 기업인에 대한 인식이 정당하지 않고, 기업의 존재의의에 대한 평가가 그 어느 때보다 인색한 상황을 감안해볼 때, 이러한 의욕상실은 너무나 당연한 일일지 모릅니다.

그러나 우리는 지난 인류 역사를 통해 깨달은 진리가 있습니다. 그것은 세상이란 항상 적극적이고 낙관적이며 미래를 향해 부단히 정진해가는 사람들에 의해 한 발 한 발 발전해왔다는 사실입니다.

옛날 중국에 백개(白介)라는 용감한 장수가 있었습니다. 그는 일생을 전쟁터에서 보내며 많은 전공을 세웠습니다. 그런데 문제는 엄청난 규모의 마지막 전투였습니다. 백전노장인 그조차도 아직껏 경험해본 적이 없는 대승을 거두기는 했지만, 항복한 포로 수만 명을 죽일 수밖에 없는 상황에 처한 것입니다.

백개는 왕의 명령에 따라 수많은 포로의 목을 베었습니다. 하지만 죄책감에 시달린 나머지, 얼마 지나지 않아 미치광이가 되고 말았습니다.

한편, 독일의 힌덴부르크는 1차 세계대전 당시 독일군의 선봉에 섰던 맹장이었습니다. 그는 소련군 36개 사단을 섬멸하는 전무후무한 전공을 세웠습니다. 적군이라면 누구든 가리지 않고 목숨을 빼앗았지요. 하지만 힌덴부르크의 마음속에는 언제나 국가와 민족을 위해서라면 무슨 일이든 주저하지 않겠다는 신념이 넘쳐흐르고 있었습니다.

전쟁이 끝나고 나서 힌덴부르크는 독일의 대통령이 되었습니다.

날이 다르게 어려워지는 기업환경과 기업에 대한 여론의 비난이 고조될 때마다 저는 그들 두 사람의 경우를 생각하곤 합니다. 그래서 이렇게 결론을 내립니다. 지금은 모든 기업인들이 힌덴부르크의 용기와 신념으로 자신을 무장해, 다시 한 번 국가발전을 위해 모든 것을 바치려는 자세가 필요한 때라고 말입니다."

　　　—1993년 9월, 중소 기업인들을 대상으로 한 김우중 회장의 강연 중에서

직원이 40여 명 남짓한 소규모 여행사를 운영하고 있는 나는, 해외전시나 박람회 참가 등 이벤트 외유를 주로 취급하는 회사 업무의 특성상 많은 기업인을 접하곤 한다. 내가 만나는 대부분의 기업인들은 수출 비중이 높은 회사를 운영하는 분들인데, 근래에 이르러 기업을 하기가 그 어느 때보다 어렵다는 얘기를 더욱 자주 듣게 된다.

WTO 체제에서의 심화되는 경쟁, 배럴당 50달러를 넘어 60달러에 육박하는 고유가, 급등하는 환율, IMF 이후 계속 이어지고 있는 장기 불황, 노동 귀족이라는 말이 나올 정도로 변질되어가는 노사문제, 사회적으로 만연하는 기업인들에 대한 냉소주의, 급등하는 부동산 가격, 미래에 대한 불확실성 등 작금의 현실이 의욕적으로 기업을 꾸려나가고자 하는 의지를 위축되게 한다는 것이다.

어려운 사람들은 기업인뿐만이 아니다. 모든 분야의 전반적인 불황을 단적으로 표현하고 있는 이태백이니 삼팔선이니, 사오정이니 오륙도니 하는 말들이 시중에 널리 퍼지고 있음을 볼 때, 단군 이래 최악이라는 취업사태가 말뿐이 아님을 짐작하고도 남음이 있다.

하지만 대부분의 사람들은 선조들로부터 물려받은 끈기와 불굴의 의지를 되살려 마음을 다잡으려 애쓰고 있다. 또한 어둠이 깊을수록 찬란한 새벽 해가 떠오를 것이라는 기대를 안고 또다시 허리띠를 졸라매며 일터로 향하곤 한다.

그런 어려운 시기에 대우그룹 창업자인 김우중 전 회장이 오랜 방랑

생활에 마침표를 찍고 귀국을 했다. 각종 언론은 김 회장의 귀국을 앞다투어 보도하기 시작했고, 국민들의 시선은 순식간에 그의 일거수일투족에 집중될 수밖에 없는 상황이 연출되었다.

김우중 회장은 이미 대우그룹을 지휘하던 예전의 그가 아니었다. 탈세범에 도망자였고, 나랏돈을 빼돌려 자신의 잇속을 채운 파렴치범이 되어 있었다. 언론은 마치 경쟁이라도 하듯이 그의 과실을 들춰내 난도질을 하기에 바빴다.

나는 잠시 생각에 잠겼다. 1982년 대우그룹에 입사한 이후 1998년 퇴사할 때까지, 나는 인생의 황금기였던 17년여 세월을 대우와 함께한 대우맨이었다. 대우는 곧 나였고, 나 역시 대우와 일체일 수밖에 없었던 시절이었다. 나는 그 당시의 영상들을 애써 떠올리며, 생각의 편린들을 모아보았다.

회사의 규모가 어느 정도 자리를 잡기 시작하면서부터 대우는 미래가 지극히 불투명하고 시장여건이 전혀 조성되지 않은 부실기업이나 방치되고 있는 정부투자기관을 떠맡아 경영하기 시작했다. 쓰러져가는 회사를 자의에 의해 사들일 사람은 흔치 않다. 하지만 대우는 달랐다. 그것은 어떤 상황에서도 정부의 정책에는 적극적으로 동참해야 한다는 김우중 회장의 경영철학 때문이었다.

인수된 기업들은 대부분 더 이상 생존이 어려운 최악의 부실상태에서 대우로 넘어왔다. 하지만 대우는 여러 가지 문제점들을 안고 있는 국내외의 부실기업을 인수하여 모두 정상화시키는 데 성공했다. 이는 대우가 중추적 계열기업을 창업이 아닌 인수를 통해 편성했다는 사실을 의미한다.

지금은 고인이 된 현대 정주영 회장의 경우, 생전에 '대우는 벽돌 한 장 쌓지 않고 기업을 일구었다'는 식의 뼈 있는 농담을 건네기도 했다. 하지만 대우의 부실기업 인수와 정상화의 경영사는 나름대로 몇 가지 의의를 갖게 한다.

그 첫 번째 의의는 거시적 의미에서 부실화된 국가 기간산업을 대우의 의지로 소생시켰다는 점이다. 기간산업이란 문자 그대로 국가경제의 기본을 이루는 분야를 말한다. 따라서 국가 기간산업의 부실화는 자칫 국가경제 전반의 침체를 가져올 수 있다. 그런 맥락에서 볼 때 대우그룹이 기간산업 부문을 정상화시킨 것은 기업체 하나의 생존 문제를 떠나 국가경제에 크게 이바지했음을 부인할 수가 없다.

두 번째로는 대우가 인수한 기업들은 하나같이 재무구조가 최대로 악화된 부실기업이었다는 점을 들 수 있다. 대우그룹은 이들 기업을 인수한 후 대체로 짧은 시일 안에 정상화하는 데 성공했다. 그 또한 중요한 일이 아닐 수 없다.

개발 위주의 경제정책이 주류를 이루던 당시 우리 기업이 가졌던 경영능력이나 기술력, 정보력과 시장 개척력 등을 고려할 때, 부실기업의 발생은 너무나 당연한 일이었다. 따라서 부실화된 기업의 유휴자원이 갖는 국민경제적 가치를 생각해보면, 어떤 방법으로든 단시일 내에 부실기업의 정상화는 반드시 필요한 과제일 수밖에 없었다.

대우그룹이 처음부터 의도한 바는 아니었지만, 결과적으로 부실기업들을 인수하여 짧은 시일 안에 정상화시킴으로써 우리나라 산업발전에 도움을 줄 수 있었던 것은 누구도 부정할 수 없는 사실이다. 더구나 대우그룹이 인수한 기업들은 당시 상황으로 보아 결코 수익성이 높다든지, 아니면 인수의 호재로 삼을 만한 꺼리가 단 하나도 없었다는 점을 간과해서는 안 된다.

세 번째 의의는 정상화의 방법이 축소 지향적, 다시 말해서 감량경영에 의한 방법이 아니라 확대 지향적인 적극적 방식을 채택하여 성공했다는 점이다.

대체로 모든 기업에 있어서 부실기업의 처리유형은, 그 기업이 갖는 적정 매출규모를 확대하려는 적극적인 성향을 보이지 않는다. 오히려 원가절감이나 투자자본 회수, 또는 인력 감축이나 유휴설비 매각 등을 통한 감량경영 형태를 취하는 것이 일반적이다.

이러한 방식은 나름대로 기업의 건실화를 도모하는 경영방식은 될 수 있으나, 관련 하청기업의 외형이 축소되는 한편, 유휴인력 발생 등 경제적 파급효과를 고려한다면 반드시 최선의 방법이라고 할 수는 없다. 따라서 대우가 이와는 다른 적극적 정상화 전략을 채택하고, 이를 성공리에 정착시켰다는 사실은 보다 효율적인 경영 패턴을 창조해냈다는 점에서 새로운 의미를 부여할 수 있다.

대우가 창조해낸 부실기업 정상화 방법에는 뚜렷한 특징들이 있는데, 부실기업을 인수할 때 종업원들의 사기진작을 위해 혁신적 복리후생 정책을 시행했다는 점이다. 대개의 부실기업이 종업원들의 사기저하에 따른 생산성 하락 문제가 그 본질을 이루었음을 감안한다면, 대우의 복리후생 정책은 부실화 요인의 정곡을 찌르는 해결 방안이었다고 할 수 있다.

나아가 시설과 투자를 확대하고 이에 필요한 자본금의 증자를 단행했으며 종업원도 확충함으로써 규모의 경제를 실현시켜나갔다. 기업합리화운동을 전개하여 원가 절감과 생산성 향상 그리고 종업원의 해외연수와 교육 등을 통해 경영의 질적 향상을 추구하고, 기존의 내수 및 수출 조직을 활용하여 매출 신장을 이루어나갔던 것이다.

네 번째 의의는 경영능력, 곧 혁신적 기업가 활동을 통해 부실기업의 정상화를 달성했다는 점이다. 부실기업이 안고 있는 문제점들 중에서 공통적으로 발견되는 부분이 바로 경영능력의 한계라고 할 수 있다. 기업경영에 있어서 실패의 체험은 우리나라 기업가에게 거의 공통된 것이었다. 그러나 대다수의 기업가는 경영 실패를 자신의 역량으로 극복해낸 반면, 부실기업 소유자들은 그러한 역량을 발휘하지 못했기 때문에 실패할 수밖에 없었던 것이다.

기업가의 역량과 부실기업의 관계는 그 처리 과정에서 더욱 극명하게 드러난다. 경제기회의 발견과 평가, 필요재원의 조달, 최종책임과 위험, 불확실성의 부담, 새로운 정보의 발견과 활용 등 기업 활동에 필요한 요소를 거래하는 시장이 불완전할 때 그 결함을 메울 수 있는 노력이 바로 기업가의 자질이라고 할 수 있다.

대우그룹을 향해 정부의 특혜를 받아 부실기업을 정상화시켰다는 비판의 목소리를 높이는 사람들도 있다. 하지만 그것은 대우의 속내를 제대로 알지 못하는 사람들의 얘기다. 사실은 투자 기회를 찾아낸 다음 필요한 기술과 노동을 결합시키는 탁월한 경영능력에 의해 수많은 부실기업을 정상화시킬 수 있었고, 급기야는 세계적인 기업으로 성장할 수 있게 된 것이다. 그 실제 사례를 보면 다음과 같다.

우리나라 최초의 기계공장으로 출발했던 한국기계는 국영기업으로 있다가 1968년 신진자동차가 인수하기에 이른다. 신진자동차는 초기에 의욕적인 경영을 펼쳤다. 그러나 다품종 소량생산에 따른 원가부담 가중, 수주물량 부족, 디젤엔진 공장 건설에 따른 막대한 자금 부담으로 1975년에 이르러 산업은행의 관리회사로 전락하고 말았다.

정부는 만성적인 적자에 시달리는 한국기계를 다시 인수할 수 있는 민간업체를 물색하기 시작했고, 그 결과 김우중 회장의 대우실업이 적격업체로 떠오르게 되었다. 한편, 중화학공업 본격 진출과 기계공업 개척이라는 과제에 골몰해 있던 김우중 회장은 1976년 2월 한국기계를 공식적으로 인수하기에 이른다.

한국기계를 인수할 당시 한국기계의 부채 총액은 대우 총자본의 3배에 달하는 797억 4천만 원이었다. 이는 한마디로 어린아이가 어른을 업고 낭떠러지를 내려오는 것보다 더 위험천만한 일이었다. 하지만 김우중 회장은 한국종합기계를 인수하면서 이렇게 말했다.

"소극적이며 패배주의에 사로잡힌 사람들은 생각합니다. 기계공업이나 중화학공업은 투자자금 회수 기간이 길고 소요자금 규모가 과대하며, 시장규모가 제약되어 있기 때문에 우리나라와 같은 개발도상국가의 기업으로서는 감당할 수 없는 산업이라고 말입니다. 하지만 나는 그들과 전혀 다른 생각을 갖고 있습니다. 일찍이 일본이나 독일의 중화학공업화 과정을 살펴보면 그 해답을 찾을 수 있습니다. 그들은 먼저 패배적이며 퇴영적인 사고와 자세를 극복했습니다. 그리고 국가의 인력과 기술, 나아가 경제여건에 맞는 중화학공업 개발전략을 마련하기 시작했습니다. 그리고 과감하게 실천에 옮겼지요. 그 결과 오늘날과 같은 경제대국이 될 수 있었던 것입니다."

경영주의 이러한 소명의식과 의지는 40년간 한 번도 흑자를 기록하지 못했던 만년 부실기업 한국기계를 인수한 첫해에 흑자로 변환시킬 수 있었다. 나아가 MIPA운동, BEST 90, GGIP운동을 통해 세계경영 차원의 경영혁신과 계속적인 연구개발로 세계적인 우량기업인 대우중공업으로 발전시킬 수 있었던 것이다.

대우조선의 경우도 마찬가지이다. 박정희 정권의 중화학공업 육성정책에 따라 1973년에 설립된 옥포조선소는 한국경제의 부침과 명암을 함께해온 사업장이라 할 수 있다. 노사관계의 역사도 대한민국 노동 투쟁사의 거울이나 마찬가지였다.

김우중 회장은 준공이 되지 않아 폐허더미로 변해가고 있는 국가기간 산업체 옥포조선소를 조선공사로부터 인수했다. 그리고 얼마 지나지 않아 완벽한 시설의 국제 조선소로 탈바꿈해놓았다. 그 회사가 바로 오늘날 조선업계의 선두주자라 할 수 있는 대우조선해양이다.

그 당시, 정부에서는 범국가적으로 경제성장정책에 매달리고 있었다. 그럼에도 불구하고 경제성장은 바닥권을 벗어나지 못하고 있었고, 조직보다는 개인의 입장과 이익을 우선시하는 사회적 분위기가 만연한 상태였다. 그러한 상황에서 최악의 경영실적과 맞물려 가장 전투적인 노동운동이 전개된 곳이 바로 옥포조선소였다. 골리앗 크레인 점거 농성으로 대변되는 노동운동이 바로 그곳에서 벌어진 것이다. 1987년 고 이석규 씨에서부터 1998년 최대림 씨에 이르기까지, 다섯 명의 노조원들이 생명을 내놓으면서까지 항거하기도 했다.

설상가상으로 1980년 신군부의 등장으로 정부에서 약속했던 중공업 부문 합리화정책이 백지화되었고, 조선소를 인수할 때 보장했던 종합기계단지 조성과 산업은행 출자 등이 허공에 뜨고 말았다. 그렇게 해서 발생한 경영손실과 부채 등을 해결하기 위해 김우중 회장은 '희망 90S'라는 명칭으로 대우조선의 개혁을 다음과 같이 천명한다.

1. 과감한 교육 투자를 통한 변화의 필요성 및 방향성에 대한 공감대 형성, 다양한 경영혁신 기법 보급
2. 모든 임직원이 동참하는 실질적인 경영혁신 추진(설비보전 활동, 공장 개선 활동, 제품개선 활동, 5대 질서 지키기 등 업무 영역별 특성에 맞는 경영혁신 활동 추진 및 경진대회를 통한 분위기 및 기법 확산)
3. 현장 중심의 생산방법 도입—반 생산회의를 중심으로 계획, 혁신, 실천이 이루어지는 관리 방법 개발
4. 제도개선 및 사무혁신을 통한 낭비요소 제거와 조직의 간소화, 결재 단계 축소, 조직 간소화(28담당 85부 345과에서 12담당 58부 235과로 축소)

또한 지역 주민과 함께하는 혁신을 추진하기도 했다. 주민 대부분이 대우조선과 직간접적으로 관계를 맺고 있는 상황에서 대우조선의 성공은 곧 지역발전과 연결이 되기 때문이었다.

또한 지역주민의 협조 없는 조선소 정상화는 불가능하다는 판단 하에 지역주민을 위한 문화 활동을 적극적으로 유치하기 시작했다. 지역 문화제를 지원하고 체육시설을 기증했으며, 조각공원을 건설하고 주부교실, 부부교육, 어린이 서울 나들이, 예술인 초청 공연 등 교육 활동을 전개하고 주민의 동참을 유도하기 위해 적극적인 노력을 기울인 것이다. 그러한 노력은 곧 대우조선소의 경영혁신으로 이어졌으며, 급기야는 성

공으로 향하는 밑거름이 되어주었다.

그 당시 대우그룹의 모든 직원은 경영개선 운동을 함께 참관하며, 교육훈련을 목적으로 옥포만에 위치한 대우 제2연수원에서 체험 연수를 했다. 공장 정상화를 위해 1년 8개월여 동안 옥포만에서 거주한 김우중 회장은 현장 근로자와 똑같은 작업복과 작업화를 신고 회사 근로자 집을 방문하여 아침 식사를 함께하는 것으로 하루 일과를 시작했다.

"지금 일본이나 유럽의 조선소들이 우리나라 조선소를 엄청나게 견제하고 있답니다. 그렇지 않아도 여건이 어려운 우리가 선진국 회사들의 견제까지 받아가며 살 수 있는 길은 오직 납품 날짜를 정확하게 지키는 길뿐입니다. 그러기 위해서는 안정적인 노사관계가 필수적이지요. 지금은 회사도 어렵고, 근로자들도 어려울 수밖에 없습니다. 회사가 자리를 잡을 때까지만 참아주십시오. 그렇게만 해주신다면 모든 공을 근로자들에게 돌려드릴 것입니다."

김우중 회장의 설득은 근로자들의 마음을 움직이고도 남음이 있었다. 가정방문을 통해 노사가 한마음이 되는 서민적인 조찬모임이 서로의 장벽을 허물어가며 한가족이라는 연대감을 깊게 할 수 있는 전범이 된 것이다. 근로자 가족과 함께하는 조찬 모임은 겉치레로 몇 차례 하고 나서 끝낸 것이 아니라, 옥포만에 거주하는 1년 8개월 동안 계속되었다.

또한 다음과 같은 사례도 있었다.

당시에는 공장 내에 근로자들의 복지를 위한 구내이발소가 여러 개 있었다. 하지만 이발을 할 때면 업무 리듬이 끊기기도 하거니와, 광범위하게 펼쳐진 조선소의 특성 때문에 이발을 하려면 최소한 두세 시간이 소요되었다. 이발을 담당하고 있는 직원의 급료와 만 명이 넘는 직원들이 이발을 하면서 발생하는 작업시간 손실 등을 감안해보면 결코 적지 않은 비용이 소모되는 것이었다.

그래서 직원 아파트 근처에 쾌적한 시설의 최고급 이발소를 새로 여러 개 만든 다음, 기존의 이발직 직원들에게 무상으로 임대해주었다. 나아가 종전에는 월 1회 이발소를 사용할 수 있었던 규정을 바꿔 한 달에 두 장의 쿠폰을 사용할 수 있게 했다. 그래서 근로자들은 휴일이 되면 아들과 함께 이발소에 들러 머리를 깎을 수 있게 되었다.

한편, 130만 평에 달하는 광범위한 조선소의 특성상 경비초소가 많았고, 주야간 교대로 근무를 하기 때문에 경비원의 수가 100여 명에 이를 정도였다. 그런데 조선소의 기자재는 크고 무거울 뿐 아니라 조선소 한쪽 면이 바다에 접해 있어 도난당할 우려가 거의 없는 상태였다. 이에 김우중 회장은 직원들이 출퇴근할 때 사용하는 정문과 후문을 제외한 외곽의 경비초소를 대폭 줄이고, 잉여 인력은 교육훈련을 통해 회사 내에 있는 다른 부서에서 근무토록 하였다.

줄어든 경비 인력은 경비견을 사육하여 대체하게 하고, 사육에 필요한 경비견의 사료는 회사 식당에서 발생하는 음식 쓰레기를 이용하게 했다. 경비견은 심야에도 자지 않고 경비를 설 뿐 아니라 심야 근무수당을 요구하거나 노사분규를 일으키지도 않아 회사 입장에서 보면 여러모로 유리했다.

김우중 회장은 회사 정상화를 위해 보이지 않는 곳까지 신경을 쓰는 유일한 사람이었다. 이후 대우조선의 '희망 90S운동'은 삼성조선과 현대중공업의 경영혁신 연구대상이 되기도 했다. 이러한 노력이 바탕이 되어 지금의 대우조선해양은 세계 최우수 조선소로 거듭나게 된 것이다.

대우자동차 역시 마찬가지다.

국내의 대표적인 노사분규 사업체로 연간 16만 대 규모의 생산에 머물러 있던 새한자동차는 대우가 인수한 지 불과 6년 만에 200만 대의 생산능력을 가진 세계적인 규모의 자동차회사로 바뀌었다. 대우그룹에 입사한 후 내가 처음 근무한 대우자동차는 '제미니'라는 구형 모델에서 자체 모델인 '맵시나'와 '르망' 등을 생산하여 판매하기 시작했다. 그리고 1992년에 이르러 제너럴모터스와 합작관계를 청산하고 홀로서기를 시도하면서 경영혁신운동인 NAC운동을 전개하기 시작했다.

당시 대우자동차 경영정상화에 몰두하던 김우중 회장은 부평 공장 인근에 아파트를 얻어 거주하면서 대우자동차 고유의 고효율 생산방식을 구축하는 한편, 세계경영 체제를 완성하기 위해 매년 자체적으로 개발한 새로운 차량을 출시하고, 전 세계 각지에서 200만 대 규모의 자동차를 생산할 수 있는 능력을 보유할 계획을 입안했다.

그 당시 국내 자동차 총 생산은 100만 대에 불과했고, 총 판매량도 20

만 대 수준에 머물러 있었다. 그런데 4~5년에 한 번씩 하기도 힘든 신차 개발을 매년 해야 한다는 것도 그렇고, 열악한 생산 기술은 도외시한 채 200만 대가 무슨 말이냐며, 대부분의 직원들은 김 회장의 말을 주의 깊게 들으려 하지 않았다.

하지만 그로부터 6년 후, 부평 공장은 복합생산체제를 구축해 '르망'을 생산하기 시작했고, 군산종합자동차 공장이 준공되면서 '라노스', '누비라', '레간자' 등과 대형트럭이 쏟아져 나오기에 이르렀다. 나아가 창원 공장에서는 경차인 '티코'를 생산했고, 쌍용자동차를 인수함과 동시에 중국, 베트남, 인도, 루마니아, 이집트, 우즈베키스탄, 우크라이나, 체코, 폴란드 등 전 세계 사업장에서 200만 대 규모를 훌쩍 넘어 250만 대를 목표로 자동차 생산에 박차를 가하게 되었다.

그 당시 대우자동차 주식회사를 구 모델의 하청 생산기지쯤으로 여기고 있던 GM이나 국내 시장에서 지배적인 위치를 누리고 있던 현대차로서는 크게 놀라지 않을 수 없었다.

대우전자의 경영 혁신 역시 대단한 것이었다.

1983년 대한전선 가전 부문을 인수한 대우전자는 고객 지향적, 제품 지향적, 문화 지향적 경영혁신운동이었던 탱크주의를 도입하여 전개하기 시작했다. 탱크주의는 이후 대우전자 고유의 경영혁신운동이자 기업문화혁신운동으로 자리 잡으며 일반인들에게 대우전자 하면 탱크주의를 연상할 정도로 뿌리를 내렸다.

공기방울세탁기, 임팩트TV, 다이아몬드 헤드 VCR, 입체 냉장고 등 수많은 탱크주의 히트 제품의 개발로 인해 대우전자는 한국 시장뿐만 아니라 세계적인 전자제품 기업으로 자리를 잡게 되었다. 1995년에는 22개 나라에서 33개 제품이 시장 점유율 1위를 차지했고, 우리나라 전체 가전제품 수출의 38.8%가 대우의 제품으로 글로벌 생산과 판매 체계를 구축하기에 이르렀다.

위와 같은 경영혁신 사례와 수출 위주의 기업경영으로 대우는 1998년 공중분해가 되기 직전 41개 계열사에 국내 99,000명, 해외 150,000명의 고용을 유지하고 있었다.

대우에게 유독 부실기업을 정상화하라는 짐이 많이 주어졌던 것은 대우의 도전적인 자세에 기대를 걸었기 때문이었다. 대우의 도전적인 정신은 대우의 창업 이념과 맥을 같이한다. 당시 많은 기업들은 해외시장을 개척하기보다는 수입 사업에 열을 올리고 있었다. 왜냐하면 당시의 경제 구조가 수입을 통한 내수영업만으로도 충분히 재미를 볼 수 있었으며, 수출을 하면 오히려 손해를 본다는 의식이 팽배하던 시기였기 때문이었다. 그러나 대우는 그들 기업들이 걷는 길을 함께 가려고 하지 않았다.

이는 인적자원밖에 없는 좁은 땅덩어리에서 기업을 일으켜 성공한다고 하더라도 결국은 그 성공이라는 테두리 안에서 안주하지 않으면 안 된다는 사실을 깨달았기 때문이었다. 그리하여 무한한 가능성을 지닌 해외시장 개척에 과감하게 뛰어들었다.

대우가 창업되던 무렵과 때를 같이해, 우리 정부는 해외지향을 추구하는 정책을 펴기 시작했다. 이는 우리 역사에 있어 가히 혁명적인 전환이었다. 국책사업과 기업전략이 잘 맞아떨어져 대우의 기업 활동은 그야말로 나라를 위하는 동시에 기업을 위하는 일거양득의 효과를 창출했다.

그 이후, 대우는 어렵고 힘든 일을 피하지 않고 과감하게 도전했으며, 도전한 일에 대해서는 끝내 목적을 이루어내는 굳센 성취의 역정을 걸어왔다. 자체공장도 없이 자본금 500만 원으로 시작했던 적은 섬유수출 업체가 창업 5년 만에 금탑산업훈장을 수상하여 섬유수출 업계의 1인자가 되었을 때, 사람들은 대우의 지속적인 급성장을 단지 운이 좋았기 때문이라며 폄하하기도 했다.

그러나 대우의 지속적인 급성장은 행운도 기적도 아니었다. 오직 대우인의 도전정신이 이끌어낸 쾌거였다. 사우디아라비아의 건설시장이 아니면 다른 건설시장이 없는 것처럼 모든 기업들이 생각하고 있을 때, 대우인은 수교도 되지 않은 리비아 건설시장에 도전하여 길을 닦고 학교를 지어 해외건설시장을 개척했다.

대우의 도전정신은 그칠 줄 몰랐다. 사회주의 국가에도 두려움 없이 뛰어들었을 뿐만 아니라, 회사의 자본금보다 더 큰 부실기업을 인수하여 단기간 내에 우량 국민기업으로 되돌려놓기도 했다. 또 옥포조선소가 완공되기도 전에 가장 만들기 어렵다는 화학선을 수주 받아 세계 최우수 선박을 만들어내기도 했다. 이는 오로지 어떠한 불확실성이나 위기도 이겨낼 수 있다는 신념과, 적극적으로 기업 활동에 임한 대우의 끈질긴 노력과 도전의 결과였다.

2000년대 세계경제구조는 WTO 체제 하에서 글로벌화되어가는 동시에, 지역경제구도가 강화되는 추세를 보였다. 그러므로 세계교역의 자유화와 지역이기주의가 상충되는 두 개의 흐름이 동시에 존재했던 것이다. 따라서 블록 경제 활용을 위해 대우는 전략적으로 진출지역을 정할 수밖에 없었다.

대우가 중점적으로 선택한 나라는 아시아에서는 중국, 베트남, 필리핀이었고, 서남아시아에서는 파키스탄, 인도였으며, 중동에서는 이란과 리비아 등이었다. 아프리카에서는 수단, 모로코, 알제리였고, 동유럽에서는 폴란드, 루마니아, CIS의 우즈베크, 우크라이나와 러시아 등이었다.

대우는 진출 국가를 놓고 그 나라의 역사적 배경(국민의 근면성과 진취성), 지정학적 위치(지역경제에서 차지하는 중요도), 진출 대상국가의 제도(자국 생산자 보호를 위한 제도의 유무 등)를 분석하고 시장 잠재성과 이윤 가능성, 고도경제 성장 가능성을 검토한 후, 조직구성, 생산방법, 판매방법, 업종다양화 등에서 기존 회사들과 차별화를 통해 위험을 분산하여 진출하는 것을 원칙으로 삼았다.

최근에 세계경제를 이끌어나갈 성장 동력 차원에서 모든 나라가 브릭스(BRICs—브라질, 러시아, 인도, 중국의 머리글자 조합)를 주목하고 있다. 이들 국가는 해당 인접국에 파급되는 정치·경제적 영향도 무시할 수 없으며 해당 지역 내의 거점국 위치에 있다. 성장 가능성이 가장 커서 미래의 세계경제를 휘어잡을 것으로 예상하고 있는 브릭스에 대우는 이미 10여 년 전부터 뛰어들었던 것이다.

'도전, 창조, 희생'으로 대변되는 대우의 기업정신은 한국경제의 시대정신 그 자체였다. 나아가 아프리카나 동남아 밀림의 오지, 불면의 열대야 속에서 독충들과 싸워야 했던 수많은 대우인들의 신념이기도 했다.

김우중 회장은 언제 어디서나 소유보다는 성취를 위해 창조하고 도전하며 희생해왔다. 정부도 포기하다시피 한 기업을 인수하여 흑자 기업으로 살려놓은 일, 미수교국으로 진출해 국가 간 수교의 다리를 놓은 일, 수출사상 한 달에 5억불을 돌파한 일 등 무수히 많은 성취를 이루는 과정에서 대우인들의 머릿속에는 '시간은 아껴도 땀방울은 아끼지 않아야 한다'는 생각이 뿌리깊이 박혀 있었다.

'대우의 일터에는 해가 지지 않습니다'

이는 대우가 최초의 그룹 광고에서 사용한 문구였다. 대우인들에게는 성취의 일념이 있었기에 밤을 낮 삼아 일했다. 그래서 성취의 전당 대우센터에는 밤에도 불이 꺼지지 않았다. 오늘을 희생함으로써 내일을 얻는 예지를 빌어, 어렵고 힘든 일도 마다하지 않고 도전했으며, 끝내는 이루고야 마는 굳센 성취의 역사를 이루고 싶었기 때문이었다.

김우중 회장의 경영태도는 기업의 사회적 책임완수라는 공익사업의 형태로도 나타났다. 대우는 성취한 만큼 국가뿐만이 아니라 사회에도 되돌리고자 했다. 이 점은 대우가 국민적 기업으로 발전하는 터전을 다지는 것이었다. 1976년 7월, 제1회 연세경영인상을 수상한 뒤 소감을 말하며 김우중 회장은 이렇게 밝혔다.

"경영자가 되었다는 것을 남보다 편하고 화려하게 살며, 보다 큰 쾌락이나 안일을 추구할 수 있는 기회로 생각해서는 안 될 것입니다. 오히려 여러 사람들을 위해 보람 있고 값진 일을 할 수 있는 다행스러운 기회로 생각해야 할 것입니다."

이렇듯 김우중 회장은 성취지향의 기업 활동을 통해 급속히 신장하면서도 성취의 결과를 정당하게 사회에 환원하고자 준비하고 또 실천해왔다. 대우가 가장 먼저 실시한 부문은 육영사업이었다. 1977년 3월 21일, 50억 원의 기금에 의해 대우학원이 설립되었으며, 누적부채로 극심한 경영난을 겪고 있던 아주공과대학을 인수함으로써 전인적 대학교육 기관으로서의 소임을 부여받게 되었다.

김 회장의 공익사업은 이후 영속적 활동을 목적으로 한 대우문화복지재단의 설립으로 이어졌다. 학술문화 사업을 주로 펼쳐온 대우문화복지재단은 김우중 회장의 사재 환원에 힘입어 대우재단으로 모습을 일신하고, 그 활동범위를 더욱 넓혀나갔다.

같은 해에는 언론의 발전을 위해 서울언론재단이 설립되었으며, 1981년에는 대우의료재단이 세워져 낙도 의료사업을 펼침으로써 전 분야에 걸친 공익사업을 확대하게 되었던 것이다.

김우중 회장은 얼마 전 미국 《포천》지와의 인터뷰에서 자신의 심경을 다음과 같이 피력했다.

'나는 결코 부패를 꿈꿔본 적이 없습니다. 검찰 수사를 피하기 위해 한국을 떠난 것도 아닙니다. 1999년 당시 정부 고위 관리들이 대우 몰락에 대한 사법적 책임을 면제해주고, 귀국 후 대우차를 경영할 수 있도록 해주겠다고 약속하면서 설득했기 때문에 한국을 떠난 것이었습니다. 대우 사태에 대한 개인적 책임이 없는 것은 아닙니다. 나의 가장 큰 실수는 야심이 너무 컸다는 것입니다. 자동차 부문에서 과욕을 부린 것이 화근이었습니다. 남들이 15년 만에 이룬 것을 나는 5년 만에 이루려고 했습니다. 하지만 사람들은 아마도 5년 내에 대우 사태가 나 혼자 잘못해서 발생한 일이 아니라는 사실을 알게 될 것입니다. 외환위기 당시는 금융위기였지, 산업의 위기가 아니었습니다. 그런데도 정부는 과잉부채와 관련된 모든 문제를 대우의 탓으로 떠넘겼습니다.'

한 가지 분명한 사실은 김우중 회장이 일군 기업들이 아직도 한국경제의 견인차 역할을 하며 제 역할을 해내고 있다는 점이다. 또 그가 여전히 대우 계열사들의 발전과 한국경제의 번영을 바라고 있다는 점에도 주목해야 한다.

김우중 회장은 그에게 맡겨진 소명에 충실했을 뿐 아니라, 기업의 성장과 국가의 발전을 동일시하며 우리나라의 현대사에 뚜렷한 발자취를 남긴 대표적인 경영인이다. 장막 뒤에 몸을 가린 채 측근들을 통해 의중을 전달하는 여느 그룹 총수들과는 달리 실무자와의 토론과 현장 확인을 중시했으며, 상대가 웬만큼 공부하거나 탐구하지 않으면 부끄러움을 느끼게 한 장인정신을 가진 경영자였던 것이다.

얼마 전, 나는 김우중 회장이 귀국한다는 소식을 듣고 반가운 마음을 금할 길이 없었다. 그런데 세간의 인심은 내 감정과 정반대의 방향으로 흐르고 있었다. 언론에서는 김 회장을 파렴치범으로 몰아가기에 여념이 없었고, 대다수 국민들의 감정 또한 언론의 마녀사냥식 여론몰이에 들러리를 서고 있다는 생각이 들었다. '나는 존경 받는 기업인으로, 모범적인 전문경영인의 한 사람으로 기억되기를 원한다'는 말과 '당대의 희생이 없이는 후대의 발전과 번영을 이루지 못한다'는 말을 몸으로 보여준 그의 경영철학을 생각하며 고민했다. 어떻게 하면 단 한 사람이라도 김우중 회장에 대한 진실을 알게 할 수 있을까 하는 생각에 밤잠을 이루지 못했다. 그래서 내린 결론이 광고였다. 이튿날 아침, 나는 조선일보사를 향해 바쁜 걸음을 옮겼다.

대우가 있습니다

　세간에 김우중 회장님의 귀국에 따른 여러 이야기가 떠돕니다.

　따져봐야 할 잘잘못이야 관련 기관의 몫이니 제가 관여할 바는 아니나, 다만 회장님의 귀국이 반갑고도 기쁘기에 제 개인적인 소회를 피력해봅니다.

　저는 1982년 대우자동차에 입사 후 1998년 퇴사한 전직 대우인으로 현재는 항공권 판매 및 해외전시를 전문으로 하는 경남관광여행사와 트레킹을 전문으로 하는 히말라야여행사를 운영하고 있습니다.

　대학 졸업 후 첫 직장인 대우는 제가 가정을 갖고 아이를 낳아 기르며 여러 경조사 등 집안을 건사하는 데 커다란 버팀목이 되었습니다. 사회에 잘 적응할 수 있도록 짧지 않은 기간 동안 저를 키워준 대우라는 직장을 떠올릴 때마다 '한번 해병은 영원한 해병'이란 말처럼 저 또한 영원한 대우인이라는 생각을 지울 수가 없습니다.

　회장님의 귀국을 접하면서 남다른 감회에 젖어듭니다.

　회장님에 대한 여러 가지 추억 중 문득 대우자동차 판매 지점장 세미나 때의 기억 하나가 떠오르기 때문입니다.

　세미나 일정 중 회장님과의 대화 시간이 잡혀 있었으나 그날이 마침 회장님께서 해외 출장에서 돌아오시는 길이셨고 더구나 회장님의 회갑일이라는 얘기까지 들었습니다.

당연히 회장님과의 대화 시간은 다른 프로그램으로 대체될 것 같다는 생각으로 조금은 느슨한 시간을 보내고 있던 중 늦은 시간 연수원에 나타나신 회장님을 대하고서는 혼비백산한 일이 있었습니다.

그날의 예상 밖 감동은 오래도록 제게 교훈처럼 머물러 왔습니다.

직원 40명 남짓의 중소 규모 여행사를 운영해오면서 여타 중소기업처럼 여러 어려움도 많지만 그때의 교훈과 경영철학을 밑거름으로 하여 열심으로 일터를 가꿔가고 있습니다.

그간 객지에서 여러 해 머무시는 동안 늘어나신 주름이나 흰 머리 등 회장님의 회한 또한 크시리라 믿습니다.

그 탓에 더 어려운 걸음으로 오셨겠지만 잘 돌아오셨습니다.

저나 제 가정이 대우라는 커다란 울타리에서 몸담고 있을 때 받았던 도움에 비해 얼마만큼의 보답이 될지는 모르지만 할 수 있다면 정성으로 모시고 싶습니다.

대우라는 큰 울타리 안에서 일을 배워 사회 각층에서 일하고 있는 많은 대우인들 모두 저와 같은 생각일 것입니다.

대우를 지켜가며 현직에 남아 있는 대우인 여러분!

다시금 대우가 세계경영을 주창할 때처럼 우뚝 서서 모든 대우인들이 자긍심을 갖고 살아갈 수 있도록 더욱 열심히 일해주실 것임을 믿습니다.

사회 각층에서 제 역할을 다하고 있는 전직 대우인들을 위시하여 저도 대우인들은 달라도 뭔가 다르다는 말을 들을 수 있도록 열심히 하겠습니다.

'창조, 도전, 희생'이란 대우정신을 되새기며 아침마다 힘차게 부르곤 했던 대우 가족의 노래를 다시금 불러봅니다.

이제는 IMF 이후 각자의 위치에서 두각을 나타내고 있는 여러 계열사들—대우, 대우건설, 대우자동차, 대우조선해양, 대우중공업, 대우전자, 대우자판과 또한 대우라는 경영사관학교에서 일을 배운 후 각계각층에서 뛰고 있는 대우인들의 마음에……

더 나은 미래의 꿈을 꾸고 있는 모든 샐러리맨들의 가슴에……

대우가 있습니다.

2005년 6월 15일

최영국 인하대 기계공학과를 졸업했으며, 1982년부터 1998년까지 대우자동차에서 근무했다. 현재 (주)히말라야여행사와 (주)경남관광여행사 대표이사로 재직 중이다.

03

인간 김우중_조남홍

대우그룹 김우중 전 회장은 중학교 1학년 때 나와 같은 반이었다. 교실에서 그의 책상은 내 자리에서 팔을 뻗으면 닿을 거리에 위치하고 있었다. 그는 조금은 커 보이는 눈에 입가에는 늘 장난기 어린 미소를 머금은 소년이었다. 또한 뭔가를 하기 위해 항상 몸을 부지런히 움직였다. 그 모습이 지금도 내 기억 속에 인상적으로 남아 있다.

열네 살 적 그와 나 사이에 존재했던 짧은 거리는 50년이 지난 지금까지도 변함없이 지켜지고 있다. 따라서 우리는 마주치는 장소가 국내든 해외든, 서로의 얼굴이 보이기만 하면 서슴없이 성을 뺀 이름 두 글자만을 큰 소리로 외친다.

우리는 그렇듯 아주 가깝지도 않고 멀지도 않은 거리를 유지하며 평생을 살아왔다. 그래서 나는 경제개발연대 기간 동안 우중의 기업이 성장해가는 과정을 경이로운 눈초리로 바라보았고, 근년에 이르러서는 그가 이끌던 거함이 침몰해가는 과정을 안타까운 심경으로 지켜보았다.

지난 6월 14일은 평생의 벗 우중이 귀국하던 날이었다. 그날 나는 평범한 시민들이 주요 고객인 시내의 한 설렁탕집에 앉아 점심을 기다리고 있었다. 도무지 입맛이 나지 않아, 국물로라도 요기를 해야 할 것 같았기 때문이었다.

그런데 나는 그곳에서 모골이 송연한 이야기를 듣게 되었다. 50대 후반쯤으로 보이는 세 사람이 식사를 하면서 나누는 대화가 내게는 섬뜩하게 느껴졌던 것이다.

"김우중이는 나라를 망친 놈이야! 통도 크지, 그 많은 돈을 모두 어디다 빼돌렸을까? 나라를 팔아먹는 도둑이 아니냔 말이지. 그런 못된 인간은 된통 혼이 나야 해. 오랫동안 콩밥을 먹여야 한다고!"

그들의 식탁 위에는 설렁탕 그릇 세 개와 소주병 하나가 놓여 있었다. 그렇다고 취한 것 같지는 않았다. 나는 무서웠다. 눈앞에 보이는 세 사람의 대화 속에, 대한민국에서 오늘을 살아가고 있는 대다수 사람들의 감정이 고스란히 녹아 있다는 느낌을 지울 수가 없었던 것이다.

저들의 목소리가 우중에 대한 마지막 평가가 아니기를……. 나는 마음을 다잡으며 빌고 또 빌었다. 하지만 흘러내리는 눈물까지는 어찌할 수가 없었다. 나는 그들 세 사람 앞으로 달려 나가 외치고 싶었다. 아니, 전 국민을 상대로 말하고 싶었다.

김우중 회장은 그렇게 나쁜 사람이 아닙니다. 그는 맨 손으로 세계적인 기업을 세운 사람입니다. 그는 일밖에 모르는 사람이었습니다. 식탐도 없고 주색잡기와는 거리가 멀 뿐 아니라, 다정한 친구들과 얼굴을 맞대고 잠시나마 한가롭게 정담을 나눌 시간도 없이 평생을 일에만 몰두한 사람입니다.

그는 가족들과 함께 식사를 한 지가 언제 적 일인지 기억이 나지 않을 만큼 바쁘게 살았던 기업인이었습니다. 시간에 쫓겨 처자식들과 오붓한 한때를 즐길 수도 없었던 것입니다. 그러면서도 소속사에서 노사분규가 발생하면 제일 먼저 달려간 사람이 그였습니다.

근로자들의 집을 일일이 방문하여 직원은 물론, 그의 가족들과 함께 식사도 하고 얘기도 나누는 등 현장 근로자들과 함께 뒤엉켜 공장생활을 하는 것이 비일비재했던 사람입니다. 자신의 가족보다 근로자들을 더 소중하게 여겼던 것입니다.

그는 물려받은 재산으로 기업을 시작한 사람이 아닙니다. 그는 스스로의 힘으로 기업을 일으켜 지난 30여 년 동안 30만 개 이상의 일자리를 만들어냈으며, 그의 노력 위에 생활의 터전을 마련한 사람들의 숫자는 헤아릴 수조차 없을 만큼 많을 것입니다.

그뿐만이 아닙니다. 우리가 오늘날 이처럼 잘살게 된 것은 1970년대를 전후한 경제개발연대 기간 동안 우리 국민들이 수출입국의 기반을 굳건하게 다져놓았기 때문입니다. 그 당시 김우중 회장은 일 년의 대부분을 해외에 머물면서 대한민국을 알리고, 대한민국 상품을 팔았으며, 대한민국 사람들을 세계에 널리 알리는 등 해외시장 개척에 탁월한 역할을 다한 사람입니다.

그의 해외시장 개척은 미국이나 유럽 등 선진국에만 국한된 것이 아닙니다. 당시 분단된 조국의 현실 때문에 대한민국 국민이 발을 들여놓을 수 없는 나라들, 특히 아프리카 오지의 친북 국가들을 상대로 위험을 감수하면서 접근해 들어가 시장을 다변화하는 활동을 선도해왔습니다.

김우중 전 회장의 이러한 시장 다변화 활동은 어려운 상황에 있던 외교관계를 국교수교에까지 이르도록 하는 데 크나큰 공을 세운 바도 있습니다.

냉전 종식과 함께 동구권이 개방되면서 세계 유수 기업들 간의 치열한 시장 선점 경쟁이 한창일 때에도 김우중 회장은 제일 먼저 그곳에 도착해 있었습니다.

이렇듯 김우중 회장은 우리나라가 수출입국의 기반을 다지는 데 중추적 역할을 한 사람입니다. 대우그룹이 몰락한 이후에도 아프리카 대륙의 많은 나라들과 동구권 국가들에서는 '대우'라는 상표가 열심히 움직이고 있습니다.

그는 또한 우리나라의 농산물을 수출과 연계시켜 농촌 소득을 제고시킨 최초의 인물입니다. 나아가 농민들을 위해 '새마을 공장'이라는 제도를 고안해낸 사람이기도 합니다.

당시 수백 개의 새마을 공장이 우리나라 농가의 방방곡곡에 세워졌습니다. 새마을 공장은 농촌의 농가 소득을 증대시키는 데 크게 기여했을 뿐만 아니라, 농촌은 빈곤하다는 고정관념을 깨는 데 결정적인 역할을 했다고 평가받고 있습니다.

김우중 회장은 세계적으로 천재적 기업가라는 높은 칭송과 평가를 받아왔습니다. 그러나 1997년 후반에 이르러 우리나라에 금융위기가 닥쳐왔고, 곧이어 IMF지원체제에 돌입하면서 많은 기업들이 시련을 맞게 되었습니다.

기업회계의 분식 관행 등 우리 기업들의 기존 운영방식에 대한 반성이 일기 시작했습니다. 대우그룹도 예외는 아니었습니다.

과거 우리나라 기업들은 은행에서 대출을 받기 위해 이중장부를 갖거나, 정도의 차이는 있겠지만 분식회계를 해왔던 것으로 알려지고 있습니다.

우리나라의 기업 비자금 관행은 1960년대와 1970년대의 중동 건설 붐이 한창일 때 생겨났다고 합니다. 해외 건설을 수주하기 위해 그 나라의 주무부처에 별도의 웃돈을 얹어주었던 것이지요. 당시 박정희 대통령은 외화를 벌어들이고 인력을 수출하여 고용을 증대시키는 한편, 우리나라 경제도약에 도움이 된다면 그 정도의 비자금 형성은 묵인했다고 합니다.

불행하게도 그러한 비자금 관행은 그대로 남아 1997년 경제위기 때까지도 지속되었습니다. 이것이 바로 우리가 말하는 압축성장의 후유증이며 폐단이었던 것입니다. 김우중 회장이 이끄는 대우그룹도 분식회계를 했으며, 일부 자금의 용처가 불분명하다는 혐의를 받고 있기 때문에 실정법에 따라 심판을 받게 될 것입니다. 나는 사람들에게 김우중 회장에게 동정심을 가져달라는 말을 하고 있는 것이 아닙니다. 다만, 김우중이라는 사람은 대다수 국민들이 생각하는 것처럼 나쁜 사람만은 아니라는 말을 하고 싶은 것입니다.

인간 김우중······.

야망의 화신이었던 그는 자신의 광활한 꿈을 달성하기 위해 실패를 두려워하지 않는 끝없는 도전정신의 소유자였다. 그리고 팽창욕구가 하늘을 찌를 듯 컸던 인물이다. 그는 차근차근 이익을 따지는 장사꾼이라기보다는 '황무지의 개척자'와 같은 사람이었다. 그러한 성향 때문에 그는 우리나라 경제개발연대의 압축성장 시기에 긴요하게 요구됐던 이상적 기업인 상이었는지도 모른다.

1993년 초, 대우가 세계경영을 선포하고 동유럽과 중앙아시아, 인도와 중국 등 여러 나라에 진출을 하면서 시장을 넓혀나간 것도 김우중의 본능적 개척정신이 저변에 깔려 있었기 때문에 가능한 일이었다. 특히 폴란드의 자동차시장 진출과 관련하여 그 나라의 국영 자동차 조립공장인 FSO의 인수 작전에서 미국 GM과의 갈등은 추후 김우중의 몰락과 어떤 연관을 가진 것인지 눈길이 가는 대목이다. 어쨌든 당시의 세계는 김우중을 '매력 넘치는 기업인' 또는 '영웅적 기업인'이라며 찬사를 아끼지 않았다.

그러나 대우그룹은 한순간에 몰락했고, 우중은 실정법 위반 혐의로 지금 법정의 피고석에 설 수밖에 없는 처지에 있다. 그는 이제 법의 심판을 받게 될 것이다. 그러나 대우의 몰락에 대해서는 아직도 풀리지 않는 의문의 편린이 남아 있다.

과연 대우는 시장의 힘에 의해서만 쓰러진 것일까? 대우 문제 처리에 있어서 진정 형평성의 문제는 없었던 것일까? 대우 몰락의 경제적 파장을 우려한 정부의 태도와 그에 따르는 조치를 하는 과정에서 아무런 문제도 없었던가?

나의 이러한 부질없는 질문은 우중에 대한 하찮은 동정심 때문만은 아니다. 나는 두 번 다시 대우그룹의 몰락과 같은 사건이 일어나지 않기를 바란다. 그리고 평생의 벗 우중이 보다 의연하게 재판에 임했으면 하는 바람을 갖고 있다.

이제 우중과 나는 일선에서 물러나 세상을 관조할 나이가 되었다. 그러나 김우중의 세계경영에 대한 꿈은 아직 끝나지 않았는지도 모른다. 김우중은 그런 사람이다. 나는 그런 김우중을 사랑한다.

조남홍 경기고등학교와 서울대 문리대 사회학과를 졸업했다. 경제기획원 기획부 재경사무관, 한국무역협회 전무이사, 한국경영자총협회 부회장 등을 역임했으며, 현재 한국경영자총협회 고문에 재직 중이다.

04

이한구 의원이 말하는 김우중_신승근

5년 8개월에 걸친 해외도피 끝에 초췌한 모습으로 자진 귀국하여 구속 수감된 김우중 전 회장에 대한 비판 여론이 그 어느 때보다 거세다. 41조 원의 분식회계와 10조 원의 불법대출로 국민과 국가경제의 등골을 휘게 만든 장본인, 수많은 대우그룹 임직원의 밥줄을 끊은 무책임한 경영자, 24조 원에 이르는 천문학인 거금을 해외로 빼돌리며 법의 심판을 피해 프랑스 니스 별장 등을 떠돌며 호화로운 도피행각을 벌여온 파렴치범…….

하지만 이한구 의원(한나라당, 대구 수성 갑)이 본 김우중 전 회장은 이런 대중의 보편적 감성과 사회적 통념을 훌쩍 뛰어넘는다. 그는 김우중 전 대우그룹 회장을 '아직도 존경하는 사람이고, 그만큼 세계경제를 잘 아는 사람인데 참 아까운 분'(5월31일, 평화방송 라디오 〈열린 세상 오늘, 장성민입니다〉 인터뷰)이라고 외치며 '김우중 회장에 대한 재평가론'과 '사면론'을 거침없이 설파해왔다.

이 의원 눈에 비친 김우중 전 회장은 이윤추구에만 만족하지 않고 이윤을 적절히 사회에 환원할 줄 아는 통 큰 재벌의 표본이다. 또한 굴지의 국내 재벌들이 너나없이 내수시장을 무대로 국민의 고혈을 빨며 땅 짚고 헤엄치는 초고속 성장을 거듭할 때 홀연히 세계를 향해 도전장을 내고, 세계 시장에 20만 명의 고용을 창출한 불굴의 도전정신을 지닌 참되고 진정한 기업가다. 또 별 볼일 없는 정부의 외교역량을 보강하며 대한민국의 국익 보호를 위해 조용히 움직인 숨은 외교관이자 진정한 애국자다. 이한구 의원은 필자와의 인터뷰에서 '그 양반은 사욕이 없는 기업인의 표본으로 국민적 존경을 받아야 할 인물'이라고 역설했다. 또 그는 '그런 사람에 대해 우리 사회가 평가를 안 해주면 어떻게 젊은 세대에게 세계를 보고, 미래를 향해 도전정신을 발휘해 열심히 일하라고 할 수 있겠습니까. 해봤자 실컷 욕이나 먹고 감옥이나 가더라고 할 텐데'라고 울분을 토로하기도 했다.

의리를 헌신짝처럼 내던지고, 어제까지 한솥밥 먹던 동지를 향해 주저 없이 배신의 칼날을 들이대는 정치판에서 보편적인 여론을 거스르는 이 의원의 '김우중 예찬론'은 돈키호테적 궤변으로 읽힐 수도 있다. 하지만 이한구 의원은 이런 비판에 아랑곳하지 않는다.

"내가 3년 동안 김우중 회장과 함께 비행기를 타고 해외를 누벼봐서 잘 압니다. 내가 대우에 15년을 몸담았던 사람입니다."

그는 김우중 전 회장의 공과는 정당하게 평가 받아야만 한다고 강조한다. 도대체 김우중 전 회장의 어떤 모습이 이 의원으로 하여금 지금까지 그토록 열광하고 존경하도록 만든 것일까. 김 회장에 대한 평가를 그 어느 때보다 소상히 밝힌 이 의원에 대한 필자의 인터뷰(《한겨레21》564호 도전인터뷰, 6월 21일 발행) 경험과 각종 언론 보도에 나타난 언급을 토대로 살펴보면 이 의원이 김우중 전 회장에 대해 가지고 있는 믿음과 확신의 뿌리를 들여다볼 수 있다.

이한구 의원의 눈을 통해 본 김우중 전 회장은 일단 사욕을 모르고, 끊임없이 도전하며 조국의 근대화를 이룬 부지런하고 모범적인 기업인의 표상이다. 그는 '세상 모든 일에는 공(功)과 과오(過誤)가 함께 있기 마련인데, 이제까지 원체 김 회장의 과(過)가 크게 부각되고 그 사회적 임팩트가 커 공(功)은 거론할 기회조차 없었다'며 자신이 본 김 전 회장의 다른 면모를 상세히 언급했다.

첫째, 김 전 회장은 자신이 번 돈을 적절히 사회에 환원하는 데 힘을 쏟은 인물로, 이윤 축적에만 혈안이 된 다른 재벌들과는 전혀 다른 기업가형 리더였다고 평가한다. 김 전 회장에 대한 이 의원의 극찬은 끊이지 않는다.

"김 전 회장은 돈을 벌면 좋은 일에 많이 썼습니다. 여유만 생기면 학교 등 교육계에 상당히 지원했고, 사회 활동하는 사람들에게도 지원했습니다. 다른 재벌총수와 다른 게 바로 그런 점이었습니다. 돈 벌면 편안하게 살려고 하는 게 대부분의 재벌총수인데, 이 양반은 전혀 다른 패턴을 보였습니다."

이 의원은 당시 대우그룹 안에서도 김 전 회장의 이런 태도에 대해 불평하는 사람들이 적지 않았다고 회상했다. 열심히 일해서 좀 좋아질 만하면 자꾸 새 사업을 벌이는 김 전 회장의 공격적 경영전략, 월급은 제대로 안 올려주면서 사회에 이익을 환원하는 그의 태도가 불만의 핵심이었다는 것이다. 물론 김 전 회장은 이런 불만 세력에게 '우리 세대가 희생하지 않으면 나중에 제대로 자리 잡지 못한다. 그러니 참고 가자고 설득했다'면서 '김 전 회장은 자기 몸을 아끼지 않고 무에서 유를 창조하면서 돈을 벌어도 제대로 쓸 줄 아는 사람이었고, 그런 점에서 모델이 될 만한 사람이며, 자기 몸을 아끼지 않고 무에서 유를 창조한 사람'이라고 평가했다.

둘째, 김 전 회장은 조국 근대화의 기수로 전 세계적 고용 창출의 모범을 보인 기업인인데 제대로 평가받지 못한 채 정치적으로 매장됐다고 평가한다. 지금까지 우리나라는 수출입국을 지향해왔는데, 그 전선의 선두에서 달린 게 바로 김 전 회장이라는 것이다. 이 의원은 특히 김 전 회장이 한국의 중화학공업화 과정에서 많은 부실기업을 살려낸 선구적 역할을 하는 등 국가경제 재건에 큰 계기를 마련해준 사람이라고 호평했다.

이 의원은 또 대우그룹이 부도날 즈음 한국에 10만여 명을 비롯해 전 세계적으로 대우그룹이 고용한 직원이 20만 명에 이르렀다며 그가 고용을 창출하는 기업가의 전형이었다고 말한다. 그는 20만 고용 창출론을 근거로 '요즘 젊은 사람들이 직장 없다고 난리 치고, 현재 기업들이 돈이 있어도 인력을 채용하지 않으려 하는 것도 다 김우중 전 회장 같은 사람을 제대로 평가해주지 않았기 때문'이라는 주장으로까지 확대시킨다. 그는 'IMF 사태 당시 (정부와 사회는) 왜 기업들이 부채를 많이 끌어안으면서도 사람들을 많이 고용하느냐고 비판했었다'면서 '자기 몸을 아끼지 않고 무에서 유를 창조한 김우중 회장 같은 사람에 대해 우리 사회가 제대로 평가해줘야 한다'고 목청을 높여왔다.

셋째, 이 의원은 김 전 회장이 개인적 치부를 하지 않은 기업인이며, 해외시장을 무대로 벌어들인 돈으로 광범한 인맥을 구축해 국가의 외교역량을 확대하는 데 실질적인 도움을 준 진정한 애국자로 묘사한다. 이 의원은 '나는 김 전 회장과 3년간 함께 해외여행을 다녔기 때문에 그가 얼마나 소탈하게 살았는지 잘 알고, 그가 개인적인 치부를 하지 않았다는 것도 확신한다'며 '김 회장은 국내가 아닌 해외에서 싸워서 번 돈으로 자기 이익보다는 해외 네트워크를 만드는 일에 집중했고, 정부의 외교관계가 영 시원치 않았던 때 김 전 회장이 외교관계를 뚫어준 게 한두 군데가 아니라'고 강조했다. 그는 구체적으로 '김 회장이 없었다면 리비아, 나이지리아, 수단, 폴란드 등 미수교국과 국교정상화가 안 됐을 것'이라고 주장하며 '생색은 딴 사람이 냈을지 몰라도, 김 전 회장은 (권력이) 미국을 설득해달라면 설득해주는 등 적지 않은 업적이 있다'고 확신에 찬 어조로 자기 소신을 밝혀왔다.

세간의 각종 설이 분분한 김 전 회장의 개인적 치부 의혹, 김 전 회장 부인의 힐튼 호텔 보유 경력과 아들의 경기도 포천 아도니스 골프장 소유 문제 등에 대해서도 이 의원은 일반인과는 전혀 다른 시각에서 바라본다.

김우중 전 회장의 개인 재산 증가에 대해서 그는 경남기업 인수의 예를 든다. 그는 '경남기업을 아무도 거들떠보지 않자 정부가 1원에 사라고 압력을 가할 때 샀는데, 나중에 엄청난 재산이 된 것'이라며 위험을 감수한 데 따른 행운이 이어졌을 뿐 부도덕한 치부는 없었다는 것이다. 그는 오히려 '대우그룹 안에서도 부동산을 사서 돈을 좀 벌자고 제안하는 사람들이 있었지만, 여지없이 야단을 친 사람이 김 회장'이라고 기억했다. 부동산 투자로 돈방석에 앉은 상당수의 재벌들과 김우중 전 회장은 차원이 다르다는 논리인 셈이다. 김 전 회장 아들의 골프장 소유 문제 등에 대해서도 '법원에서 문제없다고 판단한 것'이라고 방어했다.

이한구 의원은 김우중 전 회장이 내걸었던 대우그룹의 경영모토인 세계경영 역시 김 전 회장의 선견지명과 지도력이 발휘된, 시대를 앞서가는 도전으로 해석한다. 많은 사람들이 김우중 전 회장이 주도한 세계경영 전략이 국제 정세를 모르는 사상누각식 모험주의였다고 비판하지만, 이 의원의 판단은 완전히 달랐다.

이 의원은 당시 전 세계적인 세계화 추세 속에서 대다수 기업이 손을 놓고 있었지만, 대우그룹만은 10년 이상 준비 끝에 세계경영 패러다임을 추진했다고 말했다. 그는 당시 대우그룹 안에서도 세계경영에 반대하는 사람이 많았지만, 3년 안에 세계 각국의 현지 법인들이 생존력을 갖출 수 있는 시스템을 구상했고 자신감이 있었던 만큼 김 전 회장은 내부의 반대를 물리치고 추진했다고 전했다. 그는 다만 2년 만에 외환위기가 닥치면서 해외 현지 법인들이 안착할 수 있는 기회를 잃었으며, 세계경영 실패의 원인을 갑자기 닥쳐온 IMF 탓으로 돌렸다. 물론 이 의원은 '당시에도 세계경영을 확신했고, 지금도 세계경영 방침은 옳다' 고 확신한다는 소신을 거듭 밝혔다.

이 의원은 특히 '지금도 베트남 공장, 폴란드 공장은 잘 돌아가고 있다' 면서 세계경영을 김 전 회장의 사상누각식 독단 경영의 대표적 실패작으로 평가하는 사람들을 향해 쓴소리로 비판을 가한다.

"천자문을 막 뗀 친구가 공자, 맹자를 앞에 놓고 비판하는 것과 같습니다. 한마디로 웃깁니다."

그는 오히려 김 전 회장의 세계경영은 기꺼이 위험을 감수하며 시대를 앞서 벌인 도전적 경영의 백미라고 극찬했다. 이 의원은 당시 자신이 직접 주관했던 해외 20개국의 현지 전문가 양성 시스템을 뒤늦게 삼성과 LG 등 국내 굴지의 재벌들이 따라하고 있다고 주장했다.

김 전 회장을 본받아야 할 기업가의 표본이자 애국자로 평가하고, 대우그룹의 세계경영을 시대에 앞선 도전으로 확신하는 이한구 의원은 대우그룹 붕괴에 대한 원인과 분석 역시 사회 일반의 평가와 극단적으로 엇갈린다.

이 의원은 대우그룹 해체가 김우중 전 회장의 방만한 모험주의적 독단 경영 스타일의 필연적인 실패라는 사회적 모범답안에 대해 강한 거부감을 드러낸다. 그는 오히려 1997년 한반도 남단에 불어 닥친 외환위기의 해법을 놓고 당시 전경련 회장이던 김우중 전 회장이 김대중 대통령을 비롯한 당시 정권의 핵심들과 정면으로 맞섰고, 정권에 미운털이 박혀 결국 대우그룹 부도로까지 이어졌다고 확신한다.

이 의원은 김우중 회장 조기귀국론을 설파하는 각종 언론 인터뷰에서 '대우그룹 부도는 당시 김대중 정권의 합리성을 깔고 한 측면이 있다'고 주장해왔다. 그가 말한 김대중 정권의 합리성은 1997년 외환위기 당시 점령군인 IMF가 요구한 재벌해체론을 일방적으로 수용해 밀어붙인 것을 의미한다. 당시 전경련 회장이던 김우중 전 회장은 이런 정권의 합리성에 '수출확대론'으로 맞섰고 결과적으로 정권의 보복을 당해 대우그룹이 부도 처리됐다는 게 이한구 의원의 핵심 논리다.

정치적으로 민감한 문제인 만큼 이 의원이 필자에게 밝힌 육성을 그대로 옮겨보겠다.

"신정부가 들어서고 IMF사태 해결책을 놓고 관료집단과 당시 전경련 회장이던 김우중 회장은 큰 견해 차이가 있었습니다. 외환위기 때 (김대중 정부는) IMF의 얘기대로 따라했습니다. 한국의 재벌은 무조건 해체돼야 한다며 그 대표로 대우와 현대를 꼽았죠. 하지만 김우중 회장은 외환위기 해결방식과 관련해 정권과 여러 가지 마찰이 있었습니다. 김 회장은 우리 힘으로 수출을 확대해서 국제수지 흑자를 만들어 (외채를) 갚을 수 있는데, 왜 차입만 하려 하냐며 김대중 정부의 수습책과 대치되는 주장을 폈습니다. 김 회장은 구체적으로 수출 5백억 달러 흑자를 낼 수 있다고 했고, 당시 관료들은 웃긴다고 말했다. 하지만 김 전 회장과 우리는 다 계산하고 나서 5백억 달러 흑자론은 내놓은 것이었다. 당시 우린 수출을 300억 달러 더 늘리고 수입을 200억 달러 줄인다고 했는데, 수출이 200억 달러 늘고 수입은 300억 달러로 줄었습니다. 어쨌든 우리는 5백억 달러(흑자 목표)를 달성했습니다. 수출이 그렇게 (목표보다) 안 된 것도 사실 당시 정부가 백업을 안 해준 탓입니다. 그만큼 외환위기를 보는 안목, 기본 콘셉트가 김대중 정권과는 달랐습니다. 우리는 IMF의 말만 믿어서는 안 된다고 했습니다."

전경련 회장이자 대우그룹의 총수인 김우중 전 회장은 수출주도형 환란 극복론을 외쳤고, 재벌해체 방식의 'IMF 프로그램'을 충실히 따르는 김대중 대통령을 비롯한 정권의 핵심부, 재정경제부 등의 관료 집단과 피할 수 없는 갈등관계를 형성했다는 것이다.

이 의원은 김우중 전 회장을 국가적 환란 위기를 맞아 IMF가 제시하는 프로그램을 거부하며 김대중 정부의 굴종적 자세를 비판했던 말레이시아의 마하티르 총리와 같은 존재, 다시 말해 '좌절한 한국판 마하티르'로 묘사하는 데 주저하지 않는다.

"외환위기 당시 말레이시아와 우리나라가 다 외환위기를 겪었지만 수습체계는 달랐습니다. 그 뒤 결과를 한번 돌아보십시오. 그때 외국 투기자본의 심부름꾼을 하면서 큰소리 치고 다닌 사람들이 굉장히 많았습니다. 그런데 이제 와서 그때 셋톱해놓은 것 때문에 국부 유출이 많았다고 떠들고 있습니다. 지금 국부유출이 된다고 떠드는 사람들 가운데 그때 (김우중 회장에게) 그렇게 하지 않는다고 난리치던 사람도 많습니다. 어디서 시킨 대로 하고 나서, 자꾸 그것을 합리화하려 하지 마십시오. 다들 무식해서 그렇지, 몇 년 전 자료만 뒤져보면 대번에 나옵니다."

이 의원은 물론 대우가 김대중 정권에 밉보여 부도 처리됐다는 구체적 근거를 제시하지는 못했다. 이 이원은 '사정을 정확히 알고 있는 사람이 김우중 회장이니, 김 회장이 밝히는 게 정확하다'며 이 문제에 관한 확고한 답변은 피해왔다. 그는 다만 각종 언론 인터뷰에서 외환위기 당시 해체 대상으로 지목됐던 두 재벌인 현대와 대우의 엇갈린 운명 등을 정황증거로 제시하며 김대중 정권에 의한 '대우타살론'을 주장한다.

"대우그룹 부도 처리 과정에 불공평한 게 많았고 정부와 관료, 은행권이 책임져야 할 일이 상당히 많습니다. 현대는 봐주고 대우는 안 봐줬다고 문제 삼는 것도 이상하기는 하지만 현대그룹에 비해 대우가 차별대우를 받았다는 것은 확실합니다. 현대도 나중에 엄청 어려웠는데 현대는 (정권이) 살려줬습니다. 현대에 지원한 만큼 대우에 지원해줬으면 대우가 왜 죽었겠습니까."

김우중 전 회장이 대우그룹의 자금 위기가 구체화된 1998년 하반기부터 워크아웃 결정이 내려진 1999년 8월까지 신규여신 확보를 위해 전방위로 뛰었지만 무참히 무너진 배후에는 정권의 대우 차별이 작용했다는 논리인 것이다.

이 의원은 대우그룹 붕괴의 원인을 타살론 등 외적 요인이 아니라 내부에서 찾아볼 수는 없느냐는 필자의 질문에 대해 '후발 재벌로 빨리 성장하려다 보니 상대적으로 위험도가 높고 국제적 경쟁이 치열한 국제 비즈니스를 택했고, 고 리스크 사업과 경영방식으로 살다 보니 위기를 자주 맞았다'고 말했다. 그러나 그는 이런 한계 역시 '세상에 위험 없는 비즈니스란 존재하지 않는다'는 논리를 들이대며 옹호했다.

"당시 땅 짚고 헤엄치는 장사를 하던 다른 재벌들은 (위험도 높은 세계 비즈니스에 뛰어든) 대우가 미쳤다고 말했지만, 우리는 그것을 자랑스럽게 생각했습니다. 옛말에 '비실비실한 애는 오래 살지만, 잘 뛰고 생생한 애는 어느 날 갑자기 죽을 수도 있다' 고 했습니다. 잘 뛰고 생생한 아이에게 '너는 왜 열심히 뛰느냐' 고 꾸짖을 수는 없지 않습니까. 경영 콘셉트를 잘 잡아도 집행을 잘못해 실패할 수 있고, 여건이 나빠져서 실패할 수도 있습니다."

이한구 의원은 자신의 눈으로 본 김 전 회장이 외부적 여건이 나빠져 실패한 불행한 기업가일 수는 있어도, 여론이 도마에 올려놓고 난도질하는 것처럼 일방적으로 매도당할 파렴치범일 수는 없다고 말한다. 이 의원은 그동안 각종 언론 인터뷰에서 '대우 분식회계가 정말 42조 원이 맞는지, 또 당시 은행들이 눈뜬 봉사처럼 10조 원의 사기대출을 당했는지, 또 정부와 검찰이 왜 5년 이상 지난 지금까지도 해외 도피자금을 찾지 못하는지 의문' 이라며 '정부가 일방적으로 발표한 것만 가지고, 김우중 회장을 평가하는 것은 옳지 않은 만큼 이제 공과를 정확하게 평가하자' 고 외친다.

대다수 국민들이 손가락질하는 김우중 전 회장을 적극 변호하는 이한구 의원. 그가 정치적 이익을 위해 배신을 밥 먹듯 하는 살아 있는 생물인 현실 정치판에 몸담고 있는 현역 국회의원의 신분이기에 김우중 전 회장을 옹호하며 '인간적 의리' 를 지키는 모습을 보이는 것은 어쩌면 신선한 충격일 수도 있다. 그러나 '인간에 대한 예의' 와 그가 내세운 주장과 논리가 100% 사실관계에 부합하는 정답인지는 전혀 다른 판단을 요하는 문제다.

일단 대우그룹 회장 비서실 상무, 대우경제연구소장 등 김우중 전 회장의 핵심 참모이자 브레인으로 15년간 몸담았던 그의 이력은 누구보다 대우그룹 내부 사정과 김 전 회장의 의중에 정통할 수 있게 하는 원동력이다. 하지만 동시에 이 의원의 평가가 주관적일 수밖에 없도록 하는 약점이기도 하다. 이한구 의원이 스스로 '김우중 회장과 함께 3년간 비행기를 타고 다녔다'고 할 정도로 그는 김 전 회장과 가까운 인물이다. 또 차입에 의존한 방만한 모험주의적 경영 실패의 표본이라고 비판 받는 세계경영 패러다임의 형성과 집행에 직접 관여한 핵심 주역이기도 하다.

그는 또 여론의 평가에 그 누구보다 민감하게 반응할 수밖에 없는 현역 정치인이다. 김우중 전 회장과 대우그룹의 공과에 대한 재평가는 곧 이 의원 자신에 대한 재평가로 이어질 수밖에 없다. 김우중 전 회장의 공과, 대우그룹의 공과에 대한 사회적 평가 작업은 이 의원과 결코 뗄 수 없는 함수라는 것을 이 의원 스스로 누구보다 더 잘 알 것이다.

김우중 전 회장과 대우그룹에 대한 이 의원의 평가는 아직 사회적 논란이 엇갈리는 부분이 많다. 그와 같은 한나라당에 몸담은 이종구 의원은 '대우 사태의 본질은 엄청난 공적자금 투입을 야기해 한국경제와 국민에게 누를 끼친 것이며 재평가라는 것 자체가 말이 안 된다'고 이 의원의 재평가론을 공박했다. 이 의원은 이종구 의원이 대우그룹 붕괴의 책임이 있는 재경부 출신이라는 데 곱지 않은 시선을 보낸다. 하지만 이 의

원을 바라보는 한나라당 내부의 시각도 곱지만은 않다. 또 1999년 대우그룹 해체 당시 구조조정 본부장을 지낸 김우일 (주)대주그룹 홀딩스 사장은 이 의원이 언론 인터뷰에서 정치권을 상대로 한 대우그룹의 로비 내용을 담은 '김우중 리스트'가 존재한다는 뉘앙스로 말한 것에 대해 '99년 당시 대우그룹 본사에서 떨어져 있는 대우경제연구소장이었을 뿐인 이한구 의원이 그룹 내부 사정을 뭘 알겠느냐'고 일갈한 바 있다.

더욱이 김우중 전 회장의 혐의 가운데 상당 부분은 아직 미확인 상태다. 42조 원의 분식회계, 10조 원의 불법대출, 24조 원의 재산 해외도피 의혹 등의 혐의는 검찰의 수사가 한창 진행 중이다. 김 전 회장은 검찰 조사에서 이 가운데 분식회계 혐의에 대해 상당부분 사실을 인정했다. 검찰 수사의 칼날은 이제 영국에 뒀다는 비밀금융조직 BFC(British Finance Center)로 향하고 있다. 천문학적 해외도피 비자금이 흘러들었다면 바로 이곳이 그 운용 및 세탁 창구일 것이라는 추론도 끊이지 않는다. 김 전 회장은 BFC를 통해 해외로 빠져나간 돈은 해외 채무변제를 위해 쓰였을 뿐 개인적으로 유용하거나 착복한 일이 없다고 주장하고 있다. 하지만 검찰은 대우 관계자들의 유학비용, 김 회장의 전용비행기 이용에 필요한 자금 등이 이곳에서 나온 것이라고 밝히고 있다. 그만큼 김우중 전 회장을 둘러싼 공과와 의혹 가운데 무엇이 진실이고 무엇이 허구인지 아직 명확치 않은 것이다.

이한구 이원은 김우중 전 회장을 오랫동안 가까이서 지켜봤다. 김 전 회장에 대해 누구보다 정통할 수 있다. 하지만 해외재산 도피 등 극도의 비밀을 요하는 내밀한 문제까지 그가 확실히 알 수 있는지에 대해서는 여전히 의문이 제기된다. 때문에 김우중 전 회장의 공과에 대한 객관적이고 정확한 사회적 재평가가 필요하다는 이 의원의 주장은 옳지만, 김 전 회장에 대한 사면론과 예찬론으로까지 발전하는 것은 아직 시기상조일 수도 있다.

세상에 영원한 비밀은 없다. 감춰진 것은 드러나고 비밀은 알려지기 마련이다. 김 회장에 대한 재평가와 사면 여부는 이한구 의원 말마따나 (검찰 조사에서) 모든 혐의점과 공과가 가감 없이 밝혀지고, 이에 대한 사법부의 판단이 이뤄진 뒤 국민이 결정할 일인 것이다.

신승근 한국외국어대학교 정치외교학과를 졸업하고 1994년 한겨레신문사에 입사한 뒤 기자로 활동하고 있다. 〈한겨레〉 사회부와 정치부를 거쳐 현재 〈한겨레21〉 정치팀장을 맡고 있다.

대우의 흥망성쇠와
황제의 쓸쓸한 귀환

01

세계를 넘나든 김우중에게서 배우는
경제관과 인생신념_배병휴

1. 70년대 수출 노인의 슬픈 귀국

해외로 도피 중이던 김우중 전 대우그룹 회장의 귀국은 '우리를 서글 프게 만드는 노인'의 황혼 귀가였다.

귀국하고 싶은 심정이야 이해하지만 실제로 귀국할 수 있을까, 의심 하던 관측에서 보면 뜻밖의 귀국길이었다. 그러나 김 전 회장이 귀국하 던 날 인천공항 입국장에서는 꼴불견 추태가 벌어졌다. 포토라인은 아예 무시되고 안전요원인지 데모꾼인지 사방에서 쏟아지는 고함소리와 몸싸움으로 김 전 회장의 표정이나 소감 한마디 보고 들을 수 없었으니 꼴불견 아니고 무엇인가.

엉망진창 난동의 귀국 현장

김 전 회장의 귀국은 천하의 대한민국 성공 브랜드가 IMF 피의자 신분으로 추락하여 억지로 돌아오는 패자의 귀국이어서 초라하고 슬픈 장면을 연출할 수밖에 없었다. 어느덧 병색이 완연한 노인이 되어 죽기 전에 어떤 형태로든 책임지려는 모습을 보이려 귀국했다는데, 환영은 기대하지 않았겠지만 폭력이 먼저 맞아주었으니 당사자도 울적했을 것이다. 그의 귀국 장면은 엉망진창 난동 그 자체였다. TV 화면으로 지켜보는 이들이 더욱 울적하지 않았을까.

김 전 회장이 정처 없이 유랑하다 뒤늦게 귀국을 결심한 배경이 무엇인지 우리네는 알지 못한다. 그 이전에 왜 김 전 회장이 망명하듯 소리 없이 출국했는지도 자세히 알지 못한다. 또한 5년 8개월이라는 지루하고 초조한 세월을 어디서 무엇 하며 보냈는지도 아는 것이 없다.

대체로 대우그룹의 붕괴 전후 사건이나 김 전 회장의 출국과 귀국에는 정치적, 사회적 배경이 따로 있었을 것으로 짐작되지만 어디까지나 그것은 추측일 뿐이다. 과거 DJ 정권 때 몇 차례나 귀국하고 싶다는 속뜻을 간접적으로 전달했지만 번번이 거부당했다는 소문이 돌았다. 현

정부가 들어서서도 귀국을 만류했다는 확인되지 않은 이야기도 돌아다녔다. 그러던 것이 이번에 갑자기 귀국할 수 있었던 것은 필경 어떤 배경이 작용하지 않았다면 불가능했을 것이다.

이런저런 추측은 가능하지만 확실한 정보가 없으니 앞으로 검찰수사와 재판과정을 지켜볼 도리밖에 없는 실정이다. 다만 엉망진창 난동의 귀국 현장을 거쳐 어렵게 귀국한 그의 모습은 '수출에 미쳤던 1970년대 젊은이'가 병든 노인에 중죄인 혐의자 신분이 되어 돌아왔다는 점에서 그때 그 시절을 함께 살아온 우리들을 서글프게 만들었음은 숨길 수 없는 솔직한 심정이다.

다 버리고 포기한 '결자해지' 심정

돌아온 김 전 회장에게서 그가 한창일 적에 보여준 번쩍이는 눈빛이나 전광석화같이 두뇌를 회전시키던 날카로운 모습은 어디에서도 찾아볼 수 없었다. 모든 것을 버리고 빼앗기고 포기한 듯한 무소유의 쇠약한 노인으로 비쳐질 뿐이었다.

김 전 회장 스스로가 띄엄띄엄 소명했다시피 그는 중병을 많이 치렀고 지금도 후유증에 시달리는 몸으로 벌 받기 위해 귀국했다. 한때 체포조가 그를 뒤쫓기도 했지만 이번에는 스스로 자수하기 위해 귀국했으니 이제 체포조는 필요가 없다. 1970년 최고의 특례 스타가 중형이 공개 예고된 가운데 IMF 피의자에다 시대의 낙오자로 귀국했기에 일단 어떤 심정으로 무엇을 해명할지 귀국의 소감이나 들어보고 싶었다. 그렇지만 미리 준비했던 자필 성명마저 그는 낭독하지 못했다.

김 전 회장의 중죄는 앞으로 검찰수사를 통해 자세히 밝혀질 것으로 기대한다. 검찰은 사전에 연락을 받고 인천공항에서 대기하고 있었는데 국민적 관심사항을 모른 척 성명서를 낭독할 기회마저 보장해주지 않았다.

본인 스스로도 변호사의 조언을 듣고 각오를 단단히 하고 귀국했을 터이니 수사에 적극 협조할 준비를 하고 있을 것이다. 그러니 확실한 정보도 없이 이런저런 말로 김 전 회장의 귀국 배경이나 사법처리 수준 등을 함부로 이야기하는 것은 적절치 못하다고 믿어진다.

다만 1970년대를 함께 살아온 우리네 심정으로서는 수구초심으로 생각하고 싶다. 이미 잃을 것 다 잃고 포기할 것 포기한 마당에 옛 대우인들에 대한 대법원의 확정심까지 끝났으니 더 이상 숨어 지낼 것 없이 자신의 입으로 풀 수 있는 매듭을 풀고 넘어가야겠다는 심정이 아닐까. 이런 경우 결자해지(結者解之)라는 말이 여기에 꼭 맞는다고 생각된다.

10년 앞서가다 한 수 패착

관계 당국의 발표나 언론보도를 종합하면 김 전 회장의 유죄 형량은 매우 무거운 것으로 믿어진다. 천문학적 규모의 분식회계와 은행대출 사기와 대규모 비자금 조성 등은 믿기 어려울 정도이지만 중죄를 면하기는 어려운 상황이다.

그렇지만 법원의 최종심 결과를 보기 전에는 정확히 논평할 수가 없는 노릇이다. 앞으로 수사 결과에 따라 진실이 드러나겠지만 비록 중죄라 해도 김 전 회장이 따로 소명하고 가감할 내용이 적지 않을 것으로 믿어진다.

우리네로서는 이보다도 김 전 회장이 시대상황을 앞질러 너무 일찍 세계경영을 주창하고 일을 크게 벌여놓은 것이 원죄가 아닐까 짐작해본다. 요즘 유행하는 글로벌 경영을 벌써 1990년대에 서둘러 시작했으니 실패의 위험이 많을 수밖에 없었을 것이다.

김 전 회장은 수출 드라이브 시절 5대주 6대양을 제집 드나들듯 샅샅이 뒤지고 다니며 키운 안목으로 글로벌 경영시대가 다가오는 것을 미리 알고 세계경영에 나서기로 작심하지 않았을까. 선수(先手)경영이란 기법이 있다시피 김 전 회장은 10년 앞을 내다보는 특출한 감각과 판단력으로 유럽과 동구, 아프리카를 경영무대로 종횡무진했다.

문제는 막대한 재원 조달이 순조롭지 못해 무리수를 감행하고 곧이어 불청객 IMF가 도래하는 바람에 고금리에 발목이 잡혀 허겁지겁 분식하고 사기대출도 마다할 수 없었다는 점이다. 급한 데로 빚 얻어 고금리의 빚을 갚으려다 보니 빚도 못 갚고 국내 제2위의 재벌이라는 성마저 하루아침에 붕괴되고 말았을 것이다.

김 전 회장 스스로 되돌아보면 악몽 같은 세월이었고 '잃어버린 10년'

의 한(恨)이 될 것이다. 반면에 그를 따르던 대우가족들로서는 '잃어버린 영웅'과 함께 낙망과 울분의 세월이 아니었을까 짐작해본다.

참으로 '10년이면 강산도 변한다'는 옛말이 하나도 틀리지 않는다는 소감이다. 10년 앞을 남보다 앞질러 내다본 것이 패착이 되어 10년 세월을 잃고 '잃어버린 영웅'의 신세로 전락했으니 본인이나 우리에게 모두 슬픈 이야기다.

아직도 살아 있는 대우의 인적 인프라

이제 1.5평의 독방에 갇혀 수사와 재판을 받게 된 김 전 회장의 귀국은 여러모로 의미 있는 소명과 진실 규명으로 활용돼야만 할 시점이다.

이미 중형을 선고 받은 대우인들의 명예회복에도 도움이 되고 다시 재기하고 있는 대우 계열사들의 진로에도 도움이 되는 자료를 제시해야만 한다. 그리고 나서 아직도 그에게 남아 있을 역량과 아이디어는 오랜 침체의 늪에 허덕이는 한국경제 회복에 도움이 되도록 활용돼야 할 것이다.

이 시점에서 옛 대우그룹의 재건이나 김 전 회장의 경영권 회복은 상상할 수도 없다. 대우그룹은 해체되고 김 전 회장의 명예는 다시 찾을 길 없지만 대우 계열사들이 왕성하게 재기하고 있는 모습을 보면 김 전 회장 시절 대우인들의 재능이나 경험이 결코 허상이 아니었음을 알 수 있다.

대우건설, 대우중공업, 대우조선해양, 대우인터내셔널 등 상당수 계열사들이 세계화 우량기업으로 거듭 태어나고 있다. 김 전 회장이 떠나고 정부와 정치권과 사회로부터 온갖 풍상을 다 겪은 이들 계열사들이 재기할 수 있었던 것은 대우의 인적 인프라가 바탕이 아니었을까. 아울러 10년 앞을 내다본 세계경영의 공적이 아니었을까.

이렇게 보면 옛 대우인들이 병든 노인으로 귀국하는 것이나마 그를 환영할 만한 이유가 충분하다고 믿는다. 아울러 위험을 각오하고 취업을 알선했던 고마움을 잊지 못하는 대우 출신 386 운동권이 중심이 되어 '김우중, 대우그룹 그리고 한국경제' 포럼을 개최하는 것도 중요한 의미가 있어 보인다. 이 포럼에서는 김 전 회장의 세계경영에 관한 공과를 충분히 분석할 수 있는 많은 자료가 제시되리라고 기대한다.

김우중 리스트 주저 말고 밝혀라

김 전 회장의 귀국을 계기로 속칭 '김우중 리스트'가 있느냐 없느냐는 말이 많았다. 정치권에는 대우그룹 해체와 김 전 회장 출국과 관련되는 수많은 공범자들이 있어 행여 리스트가 밝혀지면 어쩌나 싶어 벌벌 떨고 있다는 소문도 나왔다.

김 전 회장이 조성했던 엄청난 비자금은 당연히 정 · 관계 로비용으로 쓰였을 것으로 짐작된다.

특히 DJ정부 시절 집권층 실세와 현 정권 내부에도 적잖은 공범자들이 있을 것이다. 시중에서는 DJ정권과 대우그룹 해체에 상당한 관련이 있을 것으로 짐작하는 경향이 있다.

한때 DJ 측근이 전화로 '잠깐 해외로 나가 있으라'고 당부했다는 말이 나돌았다. DJ 측에서는 근거 없는 낭설이라고 해명했다지만 지금도 그럴 가능성이 높은 것으로 믿는 여론이 많은 편이다.

DJ는 왜 김 전 회장이 해외로 나가 있기를 희망했을까. DJ가 왜 김 전 회장을 신임했다가 거북스럽게 여겼을까. 이 경우가 토사구팽(兎死狗烹)은 아니었을까.

실상 DJ의 말에 신뢰성이 높지 않은 것이 사실이다. 정치권에서는 전적으로 사실이 아니라고 부인하다가 뒤에 들통이 나도 이를 솔직히 시인하지 않는 경향이 많았다. DJ의 거짓말은 또 다른 거짓말로 모면하려는 경우가 많은 것으로 지적된다.

이런 점에서 김 전 회장이 중죄인 혐의로 벌 받기 위해 자수했다는 고백이 사실이라면 DJ정부와 대우와의 관계에 관한 진실을 숨김없이 밝혀주는 것이 대우인들의 명예와 국민들의 자존심을 다소라도 회복시켜주는 길이 될 것이다.

재계가 정치권에 헌금하거나 비자금으로 로비하는 것은 시장상인들이 조폭에게 상납하는 것과 비슷한 성격을 지니고 있었다. DJ정권 출범과 그 뒤 IMF위기 탈출과정, 대북사업 등에서도 재계가 권력의 시달림을 받은 경우가 많았을 것으로 짐작된다. 당연히 김 전 회장도 스스로 바쳤거나 뜯긴 경우가 있었을 것이다.

이번 기회에 정권 차원의 거액 헌금뿐만 아니라 개별적으로 뜯긴 조폭형 공범들에 관한 내막도 남김없이 밝혀야만 슬픈 귀국이 의미 있는 귀국으로 환영받을 수 있을 것이다. 김우중 리스트가 있는데도 이를 밝히지 않는다면 죄를 받고 눈앞이 캄캄한 옛 대우인들, 그러니까 '수출에 미친 사람들' 동지에게도 실망을 안겨주고 말 것이다.

2. 시대가 요구한 특례 수출 스타

1970년대 뉴스의 넘버원

김우중은 수출 제일주의 시대가 낳은 영웅이었다. 그는 스스로 시대를 앞당겨 수출을 제일의 가치로 실천하고, 순간적으로 번쩍이는 아이디어로 시대 흐름을 선도하기도 했다. 김우중은 감각과 행동력을 동시 다발적으로 보여줄 수 있는 타고난 세일즈맨이었다.

우리나라 기업사의 초기에 등장한 창업 1세들은 특별한 배경과 동기가 있어 사업에 착수한 사람들이다. 대가족의 장남으로 가계를 책임지기 위해 장사꾼이 됐거나 학벌로 출세할 길이 막혀 사업에 손을 댄 경우가 일반적이었다. 반면에 김우중은 시대가 요구하는 재능 때문에 수출 스타가 될 수 있었던 창업자이다. 이런 점에서 김우중은 특례로 꼽히며 우상처럼 추앙되어 왔다.

1970년대 초반 수출 주무부인 상공부 장관실에서 만날 수 있었던 김우중은 새파란 청년이었다. 감청색 양복에 굵고 검은 테의 안경을 쓴 그를 누구냐고 물었을 때 여비서관의 답변은 냉랭했다.

"한성이라던가 대우실업이라던가 잘 모르지만 수출하러 다니는 분이래요"

별 볼일 없는 이가 수출을 핑계로 장관 면담을 조른다는 말투로 답변했다. 그러나 실제로 김우중은 그때부터 장관이 환대하는 귀빈에 속했다. 대통령과 장관이 수출 실적에 목을 매달고 수출 전선을 지휘하던 시절, 김우중은 가장 고맙고 귀여운 손님일 수밖에 없었다.

실제로 김우중의 인상이나 옷매무새는 귀공자와 같았다. 게다가 대우의 수출 실적이 콩나물 자라듯 쑥쑥 늘어나고 있을 때이니 오히려 상공부 장관이 그를 만나고 싶을 지경이었다.

김우중이 해외를 다녀오면 경제기자들이 우르르 쫓아가 취재경쟁을 벌인 것이 상례였다. 김우중의 해외 세일즈 성과가 바로 경제면의 기사가 되었다.

최근 해외유랑 끝에 나라와 국민에게 사죄하고 벌을 받기 위해 귀국했다는 김 전 회장의 모습은 그때 그 시절과는 너무나 딴판이었다. 항상 젊고 건강하다고 인상 지워진 김우중이 언제 저토록 많은 세월의 풍파를 온몸으로 뒤집어썼을까 싶다. 무리하고 과로하고 고뇌의 번민 속에서 이래도 저래도 수가 없어 무거운 발걸음을 고국으로 옮겼을 것이다. 과거 뇌수술 받고 최근엔 불치의 중병으로 대수술까지 받았다니 고통의 양이 얼마나 많았을까.

한 시대의 신화를 창조하면서 많은 젊은이들의 우상이었던 수출시대 스타의 몰락을 지켜보는 1970년대 사람들의 심정은 너무나 허전하다는 것이 솔직한 소감이다.

일이 취미, 재미, 목적인 양반

김우중은 섬유류 수출이 나라를 이끌 때 해외 마케팅의 귀재로 소문이 나 있었다.

섬유 수출이 쿼터제로 규제되고 있을 때 대우는 언제나 가장 많은 쿼터 양을 배정받았다. 쿼터는 전년도 수출 실적을 기준으로 배정됐기 때문이다.

수출 쿼터란 곧 현금자산이었다. 다른 수출업자에게 돈을 받고 팔 수 있는 권리이자 대우의 공신력이기도 했다.

매년 수출의 날이 다가오면 김우중에게 와이셔츠와 스웨터를 얼마만큼 수출했느냐고 묻는 것이 단골 질문이었다. 어느 해인가 양으로 환산하면 남산 높이만큼 올라간다고 자신 있게 답변했다. 바로 대우의 현금자산이나 대외 공신력이 남산만큼 높았던 시절이었다.

김우중은 연중 태반을 비행기와 해외에서 보냈다. 그룹의 회장이기에 앞서 가장 뛰어난 민완 세일즈맨이자 시장의 흐름을 정확하게 분석해내는 현장의 사나이였기 때문이다.

김우중이 바이어와의 상담 이야기를 소개하며 믿을 수 없을 만큼의 전과를 자랑할 때 취재기자들은 침을 흘리며 경청하지 않을 수 없었다. 그러면서 '저 양반은 일이 취미이자 재미이며 목적이구나' 라고 생각했다.

이 무렵, 대우센터 회장실에서 만난 김우중과의 대담은 면담객이 숨이 차서 지켜보기가 민망할 정도였다. 면담 중에 과장 불러 지시하고 이사에게 해외출장 독촉하고 외부전화 다 받아가며 상담까지 벌이니 취재고 뭐고 정이 떨어졌다. 중간중간마다 미안하다면서 양해를 구하기는 했지만 불쾌하고 섭섭한 생각은 숨기기 어려웠다. 다만 천성이 그러려니 생각할 밖에 도리가 없었다.

더구나 이야기가 끝나기도 전에 장관 면담 시각이 됐다면서 전기면도 하고 서류 챙기며 야단법석이니 '다시는 만나고 싶지 않다' 고 대꾸할 수밖에 없었던 기억이 생생하다.

억불탑 속의 김우중 집무실

김우중 회장의 집무실은 간단명료했다.

자신의 행동반경을 가리키는 세계지도 아래 각종 수출탑을 크기 순서로 진열해놓은 것이 최고 수출 스타의 집무실이었다. 금탑산업훈장에서부터 1억불탑, 3억불탑, 5억불탑 등의 순서로 배열하여 수출과 동거하고 있는 생활상을 그대로 보여주었다.

실상 경제인에게 주어지는 훈장이라면 금탑이 끝이다. 억불탑이란 종전 상훈법에도 없었다. 그러던 것이 정부가 맨 입으로 수출을 독려하기가 민망해서인지 억불탑 아이디어를 창안하여 수출탑의 크기를 키워가며 명예의 도수를 높여갔다.

억불탑 제정 당시 상공부 상역차관보이던 박필수 씨는 당시 정밀기기센터[FIC]의 1천분의 1밀리미터 정밀가공기술을 동원하여 영구불변의 특수강으로 수출탑을 제작했노라고 소개했었다. 첫눈에 보기에도 금탑보다 높고 값진 탑 중앙에 금빛 훈장까지 새겨놨으니 종합무역상사들 간에 상 타기 경쟁을 촉발시키기에 충분했다.

국가번영의 분수령 역할을 담당한 100억 달러 목표를 앞당겨 달성할 수 있었던 것이 이 억불탑의 크기가 매년 높아졌기 때문이었다. 김우중이 집무실에 수많은 억불탑을 쌓아올려 각계각층 내방객들에게 보여준 것도 이 같은 시대 상황이 작용했을 것이다. 지금은 연간 수출이 2천 5백억 불을 넘고 올해는 3천억 불을 내다보고 있으니 억불탑이 무슨 대수냐고 할 수 있다. 그러나 1970년대의 억불탑을 수상한 기업인보다 소중하고 위대한 국가유공자는 있을 수 없었다.

김우중이 당시 젊은이들의 우상이자 시대적 영웅이었음은 더 이상 논의의 여지가 없다고 볼 수 있다.

부실기업 인수와 재건 재벌

김우중은 수출 특기로 국내 5대 재벌성에 진입한 유일한 기업인이었다. 당시 나라님이나 장관들은 수출에 뛰어난 김우중을 어떤 분야를 맡겨도 가장 잘해낼 인재라고 판단했다.

대우그룹이 모태인 (주)대우를 제외하고 창업한 기업이 없었던 것이 이 때문이었다. 대우를 기업 인수 재벌이라 부르고 부실기업 재건 전문이라 평한 것도 무리가 아니다.

김우중이 수출에서 보여준 탁월한 솜씨를 믿고 기업 인수를 자원한 경우가 적지 않았다. 정부가 대우에게 밀어 넣어줘야 부실을 극복할 수 있다고 판단한 경우도 많았다.

대우전자를 비롯하여 기계, 자동차, 조선, 중공업 등 대우그룹의 골격이 모조리 인수기업들로 구성됐다. 그래서 섬유 수출 전문의 대우가 중공업 전문의 종합그룹으로 변신하여 5대 재벌성에 진입했다가 말년에는 제2위 규모까지 올라갈 수 있었다.

1970년대 중반 대우가 종합무역상사 지정을 받고 기세 높게 뻗어나자 재계가 김우중을 경계하지 않을 수 없었다. 수출 스타의 브랜드 위세가 기존의 재벌 영역을 급속히 침식하자 삼성, 현대, LG 등의 심기가 편안할 리 없었다.

이 무렵 김우중은 사재를 문화재단에 헌납하고 오너가 아닌 전문경영인으로 활동하겠다고 선언했다. 김우중의 사재 헌납 발표에 대해서도 재계가 유쾌한 반응을 보일 수는 없었다. 다른 재벌 오너에게는 개인재산의 사회 기부 압력으로 작용하지 않을까 전전긍긍할 수밖에 없었기 때문이다. 그래서인지 김우중의 사재 헌납 발표는 여론 무마용일 것이라는 비판이 제기되기도 했다.

제조업에서도 특례 되고파

김우중은 적자경영에 허덕이던 대한전선 가전 사업부를 인수할 때 여론의 향방에 특별히 신경을 쓴 흔적을 남겼다. 당시로서는 '젊은 창업자가 아무데나 겁 없이 치고 들어오느냐'는 재계의 위기의식이 있었다.

이때 김우중은 전자산업계를 샅샅이 뒤지고 다니던 경제기자를 불러 대한전선을 인수하게 된 불가피성을 자세히 설명하고 '또 기업 인수하느냐'는 식으로 함부로 비판하지 말아달라고 부탁했다.

필자의 안목으로는 제조업 경험도 없는 대우가 금성사와 삼성전자가 치열하게 경쟁하는 가전업계에 참여하는 것이 바람직스럽지 못하다고 판단했다. 당시 대한전선을 인수하는 것은 한창 뜨고 있는 가전업계에 무임승차하려는 의도가 아니냐고 생각할 수 있었다. 그래서 필자는 대한전선을 인수하게 되면 대우는 망하는 길로 접어들 수 있을 것이라고 혹평하기도 했다.

이에 대해 김우중은 대우가 가전업계에 참여하는 것이 전자제품의 수출 촉진과 대한전선의 경영난을 덜어주는 효과가 있다고 역설했다. 아울러 사업 선배이자 전자산업의 경쟁 상대인 호암선생(이병철 삼성그룹 회장)께도 방금 인수 배경을 설명드리고 양해를 구했노라고 밝혔다.

이런 배경이 있었지만 김우중이 무명의 경제기자에게 기업 인수의 불가피성을 강조하는 모습은 우습기도 하거니와 매우 소탈하다는 느낌이 들었다. 재계가 자주 기업 인수전에 승부를 걸 때 신문의 비판쯤이야 일회성 문제 제기로 넘어갈 수도 있는 상황이었다.

결과적으로 대우는 대한전선 가전 사업부를 인수하여 탱크주의를 창시함으로써 신 가전 3사 시대를 활짝 열었다.

김우중은 부실기업을 인수하면 현장에서 침식하며 파고드는 특유의 열정을 보였다. 새한자동차와 옥포조선소를 인수했을 때 현장에서 몇 달씩이나 빠져 기어이 자동차와 조선의 특성을 탐구해냈다.

결국 김우중은 숱한 기업 인수를 통해 수출뿐만 아니라 제조업 분야도 손만 대면 재생시킬 수 있다는 실증을 보여줬다는 점에서도 특례라고 할 수 있다.

3. 김우중의 실패, 우리의 실패

시운이 맞아주지 않은 세계경영

김우중 신화의 대미는 세계화 시대의 세계경영으로 장식코자 설계했다.

《세계는 넓고 할 일은 많다》는 그의 저서가 베스트셀러가 된 것도 세계경영에 대한 기대심리가 작용했기 때문이었다. 결과적으로 세계경영이 아니고는 더 이상 활로가 없다는 메시지를 정부에게 보내려는 의미가 있었다.

이 무렵 우리나라 경제 여건은 세계에서 가장 기업을 운영하기 어려운 나라라는 말이 나올 만큼 비관적이었다. 유력 기업인들이 해외에 장기 체류하면서 귀국을 늦출 때마다 해외에 나가 있으면 최상급 귀빈 대우를 받지만 국내에 들어오면 죄인처럼 취급된다는 하소연을 들을 수도 있었다.

김우중이 냉전체제가 무너진 후 동구권이나 러시아를 방문하면 거의 국가 원수급 예우를 받는다는 소문이 있었다. 이 때문에 대우의 세계경영은 크게 성공하고 국내에 머물고 있는 재벌들은 쇠퇴하고 말 것이라는 성급한 예단도 있었던 것이 사실이다.

그러던 것이 IMF가 오면서 세계경영이 잘못됐다는 말이 금세 확산되었다. 재벌의 구조개혁에 김우중이 가장 소극적이고 부정적이라는 비판도 나왔다. 전경련 회장직을 맡은 후 정부 방침에 고분고분하지 않는다는 지적도 있었다. 김우중이 어디엔가 믿는 구석이 따로 있는 것은 아닌지 관측되기도 했다. DJ정부 발족 전후에 거액을 헌금했던 친 DJ 성향이기 때문이 아닐까도 싶었다.

그러나 재벌개혁의 사령탑인 이헌재 금강위원장 입에서 대우를 노골적으로 비판하는 말이 슬금슬금 나오기 시작했다. 이 위원장은 사석에서 김우중을 형님이라고 호칭할 만큼 가까운 사이였다. 이헌재에게 김우중은 경기고 선배이자 한때 대우에 몸담고 있을 시절에는 회장으로 섬긴 사이였다.

그런 형님, 아우 사이지만 대우그룹 해체과정을 둘러싸고 이헌재 위원장이 먼저 김우중 퇴진론을 밀어붙였다. 김우중은 좀 더 명예롭게 퇴진할 수 있는 방안을 찾고 싶다고 간청했지만 이 위원장이 들어주지 않았다. 그래서 김우중은 정처 없이 해외유랑의 길로 들어서지 않으면 안 되었을 것이다.

정부의 공개 강제퇴진 압력

왜 김우중이 재벌개혁 과정에서 비판 받고 강제퇴진 압력을 받는 수모를 겪게 되었을까.

자세한 내막은 알 수가 없다. 정치적, 경제적 배경이 얼마큼 작용했는지도 짐작은 할 수 있지만 진상을 모두 다 알 수는 없는 노릇이다.

김우중이 이헌재의 공개 퇴진 압력을 받고 주변을 정리할 수 있었던 시한은 고작 6개월이었다. 정부와 채권단이 허용해준 이 시한 내에 대우의 유동성 문제가 해결되지 않으면 김우중의 모든 사재는 처분하게 되어 있었다.

그리고 경영 정상화를 이룩해도 2년 뒤에는 완전 퇴진해야 한다고 못

박았다. 정부가 공개적으로 확인한 이 같은 방침에 따라 김우중은 이미 실패한 재벌총수로 낙인 찍혔다.

그동안 32년간 성공한 우상으로서 쌓아놓은 공적은 하루아침에 물거품이 되고 국가유공자가 아닌 죄인으로 전락한 셈이었다. 김우중이 왜 이토록 비참한 종말을 맞아야만 했을까.

재벌경영의 실패는 특정 기업인의 실패에 앞서 국가와 국민의 실패라는 점에서 일반국민들도 비통한 심정을 숨길 수 없었다.

김우중은 팽창경영을 잘했다는 평가를 받은 것이 사실이지만 남의 돈을 두려워하지 않고 너무 많은 빚을 끌어들인 것이 크게 잘못됐다는 것이 결론이다. 만약 IMF가 오지 않았다면 그냥 굴러갈 수 있었는지도 모른다. 그렇지만 무리와 과욕에는 시운이 따라줄 수 없다고 볼 수 있다.

김우중의 실패, 우리 모두의 실패

IMF 체제로 인해 김우중의 세계경영 실패는 덮을 수 없었다. 총 부채가 60조 원이라는 사실은 믿기 어려웠다. 해외에서 따로 빌린 돈이 100억 불을 넘고 300억 불에 이를 수 있다고 했으니 기가 막힌다.

유동성 부족이란 대우와 김우중에 대한 신용 추락으로 당장 결제자금도 메울 수 없을 정도로 긴급한 상황이었다. 시중의 소문도 나쁘고 구조개혁에도 소홀하다는 불신도 쌓였다. 채권 금융기관이 신규여신으로 메워주기도 난감하고 만기 연장마저 반대가 많은 상황이었다. 6개월 시한의 초 고강도 자구 노력으로 위기를 극복할 수 있을 것이라는 전망도 나타나지 않았다.

김우중 브랜드의 실패 소문이 해외로 전파된 것이 가장 치명적이었다. 답답했던 정부는 해외 부채에 대해서는 현지에서 책임져야 한다는 원칙을 제시했지만 모기업이 지불을 보증했는데 책임을 지지 않겠다고 해봐야 아무런 소용없는 일이었다.

대우의 세계경영 현장은 현지법인 396개소를 포함하여 모두 589곳으로 보도되었다. 총 고용인원 15만 명에 연간 매출액이 700억 달러에 달했다.

이 거대한 경영조직이 김우중 브랜드의 추락으로 일시에 파산 지경에 이르니 그 충격을 어찌하면 좋았을까.

이런 측면에서 정부가 대우그룹을 해체하는 과정이 너무 성급하고 졸속하여 필요 이상으로 손실을 확대시켰다는 반론이 나오는 것이다. 그러나 사실여부에 관해서는 명확한 자료가 없다.

이때 김우중은 죽기를 각오하고 초 고강도 구조개혁안을 제시했지만 결과적으로 성공하지 못했다. 모든 사재를 담보로 제공하고 주식 포기 각서와 처분 위임 각서마저 제출했으므로 모든 것을 던진 셈이었다. 정부가 요구한 퇴진 방침도 수용했다. 그는 단지 시한부 전문 경영인의 자격으로 대우를 살려보겠노라고 했다.

당시 우리네는 김우중이 모든 것을 포기하고 나서면 성공하리라고 믿었다. 우리 시대 영웅의 추락을 원치 않았기 때문에 우리 모두를 위해 김우중은 끝까지 국가와 사회로부터 추앙받는 유공자로 남아야 한다고 믿었기 때문이다.

우리 경제가 선진국 수준에 이르기까지 유공자가 많았지만 실패한 경영자만 드러나고 존경받는 기업인이 없는 세월이 서글프고 후회스러웠다. 이 때문에 김우중의 신화가 되살아나기를 고대했지만 실패했다.

그러니까 수출 스타 김우중이 실패했고 우리 모두도 실패한 것이다.

4. '수출에 미친 사람들' 추억

백발 숨기지 않은 고뇌의 중노동

1970년대 취재 수첩에는 정주영 전 현대그룹 명예회장과 대우그룹 김우중 전 회장 이야기가 가장 많다.

정 회장은 정치권에 한 발 들어섰다가 그 뒤 과로로 일찍 쓰러졌고 김우중은 망명인지 도피인지 5년 8개월을 해외에서 유랑하고 있었으니 우리를 슬프게 만든다.

1970년대, 새벽부터 밤늦게까지 동서남북으로 용맹전진할 때 김우중의 건강상태는 만점이었다. 그러던 것이 한창 일할 때 머리가 희어지고 머리칼이 다 빠졌으니 그 역시 과로의 그늘은 피할 수 없었던 모양이다.

명사들은 흰 머리를 염색하여 숨기는 것이 관례였지만 김우중은 그냥 자연 그대로 백발을 날리며 뛰었다. 그래서 김우중의 흰머리는 두뇌 노동이 극심했던 1970년대 우리 사회의 고뇌와 중노동의 상징처럼 꼽혔다.

최근 귀국한 그는 어느새 69세의 고령이 되어 있었다. 세월이 무심하고 무정하다는 느낌이 든다. 게다가 중병을 몇 차례 앓고 지금도 건강이 영 좋지 않다니 보기에도 딱하다.

그런데 검찰이 미리 구속 수사해야만 하고 중형 선고가 불가피하다고 확인했는데도 귀국했으니 무슨 영문인지 알 수 없다. 스스로 고백하기를 국가와 국민에게 사죄하고 죄를 받기 위해 귀국했다지만 다른 속사정은 짐작만 할 수 있을 뿐 확실한 정보가 없다.

다만 우리로서는 수출에 미쳤던 혈기왕성한 1970년대가 병색 완연한 노인이 되어 귀국했으니 그때 그 시절을 새삼 떠올리지 않을 수 없는 심정이다. 그 시절 대한민국 국민은 수출 실적이 급속도로 늘어나는 화살표를 보는 재미로 살았다. 그리고 그 재미 속에 대우와 김우중의 얼굴이 있었다.

이왕 귀국했으니 대우그룹 해체와 관련된 모든 것을 아는 대로 소명하고 벌 받고 나서 기력이 남아 있는 한 다소나마 수출에 미쳤던 그 시절의 모습으로 우리 경제 재건에 기여하기를 기대해 본다.

수출에 미쳤던 공직자도 갔다

1970년대에는 수출에 미쳤던 사람이 곳곳에 많았다.

상공부가 가당치도 않는 수출 100억 불 계획을 수립했을 때 당시 이낙선 상공부 장관은 '수출에 미치라'고 공개적으로 훈시했다.

어느 날 새벽 6시, 청와대 입구 진명여고 강당에 수출 관련 공무원들을 소집해놓고 그는 소리쳤다.

"100억 불을 달성하자면 본정신으로는 어려우니 모두가 미칩시다!"

이 장관은 성격이 조급한 데다가 직설적 어법으로 말씨를 꾸미는 법이 없어 '미칩시다'라고 원색적으로 목소리를 높였던 것이다.

이 시절 상공부 관리들은 실제로 수출에 미쳐 밤낮 없이 업계 관계자 회의를 소집하여 술 대접도 하고 독려도 했다.

그리고 업계가 수출금융이나 원자재 확보에 애로가 생겼다고 호소하면 경제기획원과 재무부 등 돈줄을 쥐고 있는 부처로 찾아가 굽실거리며 부탁도 했다. 이럴 때 '당신들은 업자들 편이냐'는 핀잔도 들었지만 수출에 미친 사람들은 실적만 늘어난다면 어떤 수모도 감수하겠다는 자세를 보였다.

그렇게 해서 100억 불을 달성하고 오늘의 3천억 불 수출기반을 조성했던 1970년대의 주역들은 이제 거의 떠났다.

수출 총사령관 박정희 대통령을 비롯하여 이낙선 장관, 장예준 장관, 심의환 차관(뒤에 총무처장관), 배상욱 차관(뒤에 체신부장관) 등의 전투사령관들은 한 사람 한 사람 긴장과 과로의 중병으로 일찍 떠났다. 그리고 당시 주무국장이나 차관보로 수출 독전에 앞장섰던 박필수(뒤에 상공부 장관), 유각종(뒤에 동자부차관), 노진식(상역국장) 씨 등은 퇴임 후 모처럼 휴식을 취하다가 영동고속도로에서 버스 사고로 비명에 가고 말았다.

이들 유공자들이 가장 수출에 미쳤던 김우중을 아끼고 신뢰했던 공직 자들이었다.

미운 정, 고운 정이 다 추억이다

김우중은 자본금 500만 원으로 출발하여 1970년대 수출 드라이브 정책을 견인하면서 성공신화를 이룩했다. 야근과 특근을 즐긴 일벌레였으며 새벽 출근, 휴일 특근에 연중 해외 세일즈가 평상 근무였다.

김우중은 골프 치고 해외관광 하느라 일찍 머리가 희어진 것이 아니었다. 그는 일하는 시간을 축내지 않기 위해 술 안 마시고 골프 안 배운 양반이다. 해외출장 때 대학교수들을 자주 동반한 것도 장거리 비행시간을 이용하여 조언을 듣고 싶었기 때문이었다.

이토록 수출에 미쳐 천재적 세일즈 실적을 쌓은 김우중이 천하의 사기꾼으로 매도되는 것은 우리에게도 청천벽력이다. 사법적 처리와는 상관없이 1970년대의 안목으로 보면 대우와 김우중은 섬유수출과 부실기업 인수 재건의 전문가 집단으로 기록돼야만 한다.

김우중은 오너 창업자이지만 실상 전문 경영인으로 특출한 경영력을 과시했다. 아마도 오너와 전문경영인을 겸하고 있었던 자신감이 넘쳐 시대를 앞서가는 세계경영에 선수를 치다가 자멸했는지도 모른다.

삼성그룹에 막강한 회장 비서실이 있는 것처럼 대우에는 그룹 기조실이 있었다. 비서실이나 기조실이 그룹을 총괄하는 두뇌집단이었음은 유사했다. 그러나 삼성 비서실이 시스템으로 작동했다면 대우의 기조실은 김우중의 자신감으로 인해 작용했다고 볼 수 있다.

대우그룹의 세계경영이 분식경영으로 기울고 있을 때 기조실의 막강한 두뇌들이 이를 막지 못한 것이 삼성 비서실과는 또 다른 점이었다. 그러나 비록 분식을 탓할 수는 있지만 1970년대 우리에게 꿈과 희망을 안겨준 옛 대우인들은 아직도 잊을 수 없는 인재들이다.

이석희 전 회장을 비롯하여 이우복, 홍성부, 최명걸, 윤영석, 이경훈, 김태구 씨 등 경제기사의 주역이었던 분들의 능력은 지금도 의심치 않는다. 1970년대를 뛰었던 경제기자들은 미운 정, 고운 정 가릴 것 없이 김우중을 생각하면 이들 대우인들도 함께 수출에 미쳤던 사람들로 추억한다.

5. 그의 노후를 어떻게 예우할까

김우중 망명 중의 대우인들

천하의 김우중이 해외로 망명한 후 대우인들은 절망 속에 참여정부를 맞았다. DJ 정권 하에 몰락한 대우가 노무현 정부 하에서도 사면되고 부활할 전망이 전혀 보이지 않았기 때문이다.

가장 대표적인 사건이 잘나가던 전 대우건설 남상국 사장의 자살이었다. 남 사장은 대우건설을 연간 1천 6백억 원의 흑자경영으로 전환시킨 대우인이었다. 사장 임기 만료를 앞두고 연임 로비를 했다는 혐의가 제기되어 당사자와 주위 사람들을 당혹시킨 경미한 사건이 있었다. 솔직히 별것 아니었다.

그런데 어느 날 대통령이 TV 회견을 통해 '공부 많이 하고 출세한 양반이……' 라고 실언하는 바람에 남 사장은 울분을 참지 못해 한강에 투신하고 말았다. 이 비참한 사건의 진상은 좀 더 세월이 지나 좋은 세상이 왔을 때 다시 밝혀질 것이다.

어쨌든 이 사건을 계기로 김우중 없는 대우인들이 무슨 일을 하고 있는지를 새삼 살펴보게 됐다. 이때 대우그룹은 해체되었지만 옛 대우인들은 자기 분야에서 배운 대로 열심히 노력하고 있다는 사실이 곳곳에서 확인되었다.

비록 그룹은 망했지만 계열사들은 대우인들에 의해 더욱 강해져 있었고, 수익을 창출하는 기업으로 거듭 태어나고 있었던 것이다.

(주)대우는 대우인터내셔널과 대우건설 등으로 분할되었지만 똑똑한 기업으로 부활했다. 대우중공업, 대우조선, 대우전자, 대우자동차도 부활했다. 워크아웃에 운명을 맡겼던 회사들도 예정보다 앞당겨 졸업하여 우량기업으로 다시 태어나 매각 절차를 기다리는 입장으로 바뀌었다.

이렇게 되자 김우중에 대한 원성도 완화되었다. 비록 세계경영에는 실패했지만 특출한 인적 인프라는 고스란히 남겨뒀다는 평판도 나돌았다. 아울러 수출을 숭상했던 '한국인들의 팔자 고친 이야기'가 자주 거론되었다. 실로 한국인들은 수출에 역점을 두어 팔자를 고치고 선진국 대열에 진입한 사람들이다. 세칭 재벌들에 대한 인식을 새롭게 할 수 있는 계기를 맞은 것이다. 그러나 재벌들이란 '전과 있는 유공자 집단'일 수밖에 없었다. 과거를 엄밀히 따지면 전과가 없는 재벌이란 있을 수 없을뿐더러 이들 과거의 전과는 사면되지 않는 것이 한국적 특징이다.

아마도 시대정신이 정화되지 못했기 때문일 것이다. 정치인이나 일반인들은 중죄를 지어도 짧은 기간 내에 감형되거나 사면되는 것이 관례였다. 그런데도 유독 재벌계에만 법정 시효에 관계없이 사면이 되지 않고 있으니 차별 대우가 아니냐는 반발이 나올 수밖에 없는 것이다.

친 DJ에서 용도폐기 처분

대우그룹 해체를 가져온 환란 위기의 주범이 재벌이라는 지적이 있었다. 특히 무모한 차입경영이 금융권 부실을 가져오고 대마불사(大馬不死)를 믿는 재벌들이 자구 노력에 소홀하여 엄청난 공적자금을 소모했으니 결과적으로 국민경제에 엄청난 타격을 주었다고 비판되었다.

이런 점에서는 대우와 다른 재벌들도 유구무언일 수밖에 없다. 그러나 실제 재벌들의 차입경영 유죄에 앞서 전반적인 국정운영 시스템의 노후와 결함도 지적하지 않을 수 없었다.

YS정부의 기업정책이나 경제정책은 무사태평이었다. 각종 지표의 경고에도 불구하고 YS정부는 '역사 바로 세우기'에 열중하며 재계에 대해서는 정치적 패씸죄를 물리는 데 몰두했다. 당시 재계는 '정치자금 한 푼도 안 받겠다'는 공약에도 불구하고 신 정경유착 연줄을 찾아 위기를 모면코자 했다.

이런 와중에 단기 외채는 급증하고 분식회계로 부실을 포장하다 외환위기를 맞았으며 '일본의 버르장머리를 고치겠다'는 돌출 발언으로 한일관계 악화 속에 일본정부의 비협조로 IMF의 구제 금융을 받지 않을 수 없었던 것이다.

곧이어 들어선 DJ정부는 공적자금 투입과 은행의 해외매각으로 IMF 조기 졸업에 심취하여 재벌 개혁에 열을 올렸다. 선단경영, 황제경영을 타파시키겠다는 방침은 명분이 좋았다. 그러나 실제로 그것은 지독한 관치개혁이었고 대북 진출에 특정 재벌을 끌어들이려고 안간힘을 쏟는 방식이었다.

이 가운데 대우그룹의 경우 국민의 정부 초기에는 친 DJ 성향으로 안전 운행하는 모습을 보였다. 하지만 재벌개혁 과정에 정권 차원에서 부담스럽게 여겨 의도적으로 버리려고 시도한 혐의를 지울 수 없다. 김우중과 DJ 사이에 어떤 일이 있었는지는 정확히 알 수 없지만 외부에서 관측하기로는 집권 과정의 역할이 끝나고 남북관계에서도 현대 정주영 회장의 역할이 확고해지면서 거의 용도폐기 되지 않았을까 싶은 것이다.

김우중을 어떻게 예우할까

대우와 김우중의 정경유착, 분식회계, 사기대출, 비자금 조성 등은 변명의 여지가 없었다. 그리고 거대한 세계경영 조직을 어찌할 수 없어 구조조정에 소극적인 자세로 비친 점도 당시로서는 유죄였다.

결과적으로 대우그룹 부실 때문에 자산관리공사 12조 7천억 원, 예금보호공사 17조 원 도합 29조 7천억 원의 공적자금이 소요됐으니 할 말이 있을 수 없는 처지이다. 대우로서는 IMF 초고금리 시대에 우선 금리를 갚기 위해 급전을 다시 빌려야 했고 긴급 은행대출을 받기 위해 분식 규모를 키울 수밖에 없었을 것이다.

이렇게 짚어 가면 귀국한 김우중에 대해 변호할 것이 없고 사면, 복권 등 예우에 관해 할 말이 있을 수 없다. 다만 김우중이 변명 없이 자수하여 귀국한 시점에 그의 유죄만을 강조하는 것이 소망스럽겠느냐고 항변할 여지는 있을 것이다.

좋았던 시절 대우와 김우중이 우리 경제에 남긴 공적은 분식유죄 이전에 이미 사실로 확정되어 있기 때문이다. 지난 30년 이상 수출을 통해 우리 경제에 기여한 공적은 산술적 계산 이상으로 막대했다고 믿어진다.

김우중은 대한민국 성공 브랜드의 상징으로 수많은 젊은이에게 창업과 수출의 동기를 부여한 성공 모델로서 공헌했다. 세계경영의 실패에도 불구하고 동구권과 러시아 등 요즘의 BRICs권 시장 진출과 당시 미수교국이던 아프리카 제국에 진출하여 국교를 수립케 하고 새로운 시장을 개척한 공적도 산술적으로 계량하기 어려운 공적이다.

이 때문에 김우중에 대한 공과는 별도로 분석하고 평가해주는 것이 마땅하다는 소견이다. 검찰수사가 진행되는 이 시점에서 사면과 복권을 이야기할 수는 없는 노릇이다. 그렇지만 나중에라도 김우중의 공적에 관한 예우를 생각하자는 주장은 해체된 그룹을 부활시키자든가 김우중에게 오너의 지위를 복원시켜야 한다는 뜻이 아니다.

이미 대우는 법적으로 해체됐고 김우중은 거액의 추징금을 물어야 할 처지이기에 원래의 위치로 돌아가는 것은 불가능하다. 그러므로 늙고 병든 노인으로 귀국한 김우중에 대한 예우라면 과거의 공적뿐만 아니라 그룹 해체 과정과 해외도피 및 한동안 국적을 포기했던 과정에 불가피성이 있었다면 그것은 그대로 인정해주는 관용이 필요하지 않겠느냐는 뜻이다.

비록 죄는 밉지만 김우중에게도 최소한 명예를 회복할 수 있는 기회를 부여하고 노후의 편안한 여생을 한국 땅에서 보낼 수 있도록 해야 한다고 믿기 때문이다.

배병휴 고려대학교 정치외교학과를 졸업했다. 매일경제신문에 입사한 뒤 편집국장과 논설주간, 주필 등을 역임했으며, 노사관계개혁위원회, 행정규제개혁위원회 위원으로 활동했다. 현재 (주)경제풍월 대표이사 겸 발행인으로 재직 중이다. 저서로 《IMF 개혁 기회와 또다른 위기》, 《대통령 위기 나라의 위기》 등이 있다.

02

김우중의 오뚝이 인생과 생존 전략_송우

방천시장 신문팔이

내가 추천하는 사이트 중에 야후 톱 100과 웹 톱 100, 그리고 인터넷 톱 100이라는 사이트가 있다. 말이 쉽고 추천하기 쉬워서 '톱 100'이라고는 하지만 따지고 보면 우주 공간을 맴돌고 다니는 전파 세상에서 어떤 분야에서나 톱 100에 랭크된다는 것은 그리 쉬운 일이 아니다. 그래

※이 글은 김우중이 해외로 도피하기 전 대우의 흥망성쇠에 관하여 쓴 글이므로 시점(時點)이 현재와 맞지 않음을 밝힌다.

서 이들은 하나같이 '톱 1000'이라는 또 다른 류의 사이트를 소개하고 있다. 야후나 인터넷이나 웹에서 톱 1000 이내에만 들어도 최고의 영광을 누리는 것이다.

인터넷이나 웹 또는 야후 같은 곳만 그런 일이 벌어지는 것은 아니다. 인간 사회에도 세계 톱 100이니, 톱 500이니, 톱 1000이니 하는 순위들이 매일같이 매겨지고 있다. 까딱하면 세계 제일을 말하는 우리들이지만 실제로 세계 제일은 고사하고 세계 100위니, 500위니, 1000위니 하는 자리를 차지하기도 하늘의 별따기처럼 어렵다. 그 어려운 일을 '단기간'내에 해낸 사람이 우리나라에 있다. 대우그룹을 창업한 김우중이 바로 그 사람이다.

그는 유난히 일찍 머리가 빠지고 백발이 되었다. 신경을 많이 쓰면 그렇게 된다더니, 아마도 김우중, 그가 그런 사람인지 모른다. 김우중은 2000년대 전야에 지구촌 집집마다 도깨비처럼 나타나 난리를 피우고 있는 컴퓨터라는 괴기(怪機)에 매달려 돈방석에 올라앉은 '컴퓨터의 황제' 빌 게이츠를 빼고 나면, 이 시대에 창업 30년 만에 단박에 세계 재계 랭킹 500위 안에 오른 유일한 사람이 아닌가 하는 생각이 든다.

김우중이 대우를 창업한 것은 1967년이었다. 자본금 500만 원에 다섯 사람이 힘을 합쳐 창업한 회사였다. 대우의 창업자 김우중은 경기고등학교를 나와 연세대를 다니고, 대학을 졸업한 후에는 한성실업이라는 회사에 들어가 무역 업무를 보던 회사원 출신이다. 경북 대구에서 태어났고, 아버지는 전라도 사람으로 제주도지사까지 지냈지만 납북되어 어려서부터 홀어머니 밑에서 5남매가 가난하게 자랐다.

어린 시절의 대구 생활은 피눈물 나는 고생의 세월이었다. 김우중은 그때를 자신의 일생 중에 가장 값진 세월로 떠올리고 있다. 왜 그럴까. 너무나 고생을 했기 때문이다. 그때 이미 어린 김우중은 질펀한 대구 방천시장 바닥에 뛰어들었다. 어떠한 어려움이 있어도 용기를 잃지 않고, 반짝이는 지혜를 동원하여 남보다 '더 빨리 먼저 뛰고 일하는' 소년이었다.

그때의 김우중이 방천시장에서 한 일은 신문파리(팔이)였다. 지금 세상은 봉건주의의 껍질과 타성이 남지 않아 이발하는 사람도 이발사(理髮師)라 하고, 운전하는 사람도 운전사(運轉士)라 하여, 스승 사(師) 자와 선비 사(士) 자가 남발되는 세상이지만, 그때만 해도 우리나라는 '쟁이'나 '파리'와 같은 남을 하대(下待)하는 말들이 많이 통용되던 세상이었다. 당시 한국 기계 산업의 대표라 할 수 있던 대장간에 일하는 사람은 요즘처럼 존경 받는 산업 전사가 아니라 '대장쟁이'가 되어야 했고, 조간 석간으로 나누어져 발행하는 신문을 아침저녁으로 팔러 다니는 아이들은 '신문 배달 소년'도 아닌 천대 받는 인간으로 아무 쓸데없는 '신문팔이'가 되어야 했다.

전 국민의 75퍼센트 이상이 농업에 종사하던 때였다. 봄만 되면 식량

걱정이 태산 같은 보릿고개도 있었다. 도시에서는 굶지 않으려고 일자리를 구하는 사람이 즐비했다. 수백 년 내려온 관존민비(官尊民卑), 남존여비(男尊女卑)의 타성이 세상을 지배하고 있었다. 산업은 전혀 발달되지 않은 상태였다. 여자나 신문 배달하는 소년 정도는 사람 축에 끼지도 못하고 세상의 소모품 정도로 대접받던 세상이었다고 해도 과언이 아니다.

고생 속에 낙(樂)이 있다는 말은 고생 속에 성공이 있다는 말로 바꿔야 한다. 신문 배달 소년 출신으로 정계에서 가장 출세한 사람은 대통령까지 역임한 전두환일 것이고, 경제계에서 가장 출세한 사람은 김우중일 것이다.

어려운 일이기는 하지만 신문 배달 출신들의 성공률이 높은 이유가 있다. 우선 신문 배달은 남보다 부지런해야 한다. 조간신문인 경우에는 신새벽에 모두 배달해놓아야 한다. 그런 어려움 속에 남보다 일찍 부지런하게 열심히 사는 '새벽의 철학'을 배운 소년들이 성장하여 성공하지 못한다면 오히려 그것이 이상한 일일 것이다.

김우중은 하루에 100부의 신문을 팔아야 호구지책(糊口之策)을 해결할 수 있는 소년 가장이었다. 100부를 사다가 모두 파는 날은 그래도 조금은 남았다. 하지만 다 팔지 못하는 날은 밑지는 장사를 해야 했다. 신문 배달 사회를 자세히 모르는 사람들은 배달 소년들에게 이런 올가미가 씌워져 있다는 사실을 모를 것이다.

김우중은 100장의 신문을 사들자마자 방천시장으로 뛰었다. 남보다 빨리 가서 한 부라도 더 많이 팔아야 하기 때문이었다. 그런데 뛰는 놈 위에 나는 놈 있다는 말이 있지 않은가. 줄달음쳐서 아무리 일찍 시장에 가서 이 집 저 집 신문을 넣어주더라도 또 다른 녀석이 다른 골목으로 뛰어 들어와서는 신문을 넣고 갔다. 세상 도처가 경쟁 사회다. 신문 배달 사회라고 해서 방천시장 전부가 소년 김우중의 것일 수가 없었다.

김우중은 다른 아이들이 오기 전에 100부를 모두 넣을 수 없을까에 대하여 곰곰이 생각해보았다. 거스름돈이 원수였다. 신문을 주고, 돈을 받고, 거스름돈을 주고 하다 보니 배달에 많은 시간이 걸린다는 사실을 깨달았다. 소년 김우중은 그 뒤에 거스름돈을 세모꼴로 미리 접어 호주머니에 넣고 다니며 신문을 배달했다. 그러고 보니 상당히 시간이 절약되었다.

그러나 거스름돈을 미리 준비해 가지고 다녀도 능률에는 한계가 있었다. 전보다 조금 더 팔 수는 있었지만 다른 아이들이 나타나기 전에 모처분할 수는 없었다. 이를 어쩔까. 김우중은 고민에 빠졌다. 100장을 팔아야 집에 약간의 돈을 떼어주고, 나머지 돈으로 다음 날에 다시 100장을 살 수 있다. 그래야 생계가 유지된다. 그런 판에 항상 몇 부씩 남는다는 것은 고민거리가 아닐 수 없었다. 하지만 고민해봐야 소용이 없었다. 뾰족한 해결 방법도 없었다.

그러던 어느 날이다. 소년 김우중의 머리에 '번쩍!' 하는 아이디어가 스쳐갔다. 아하! 그거다! 김우중은 그날부터는 돈을 받거나 거스름돈을 줄 생각은 하지도 않고, 무조건 뛰어가서 집집마다 신문을 넣었다. 그리고 난 다음에 돌아오면서 신문 값을 받았다. 그러고 보니, 방천시장 전부가 소년 김우중의 것이 되었고, 설령 돌아오는 길에 돈을 떼어 먹고 간 사람이 있다고 하더라도, 팔지 못해 남는 것보다는 그렇게라도 파는 쪽이 훨씬 나았다.

남다른 아이디어 하나가 그를 살리고 그의 가정에서 걱정을 몰아냈다. 아이디어! 사업가가 된 김우중은 번쩍이는 아이디어를 찾아다니며 대구 방천시장을 뛰어 다닐 때보다 더 빠르게 움직였다. 그가 말한 '넓은 세상'과 '할 일 많은 세상'을 누비고 다닌 것이다. 그리하여 2000년에는 세계 1,000곳에 대우의 기지(基地)를 세울 계획을 세웠다. 신문팔이 김우중의 승리요, 월급쟁이 출신 사업가의 승리요, 한국인의 승리였다.

아름다운 거짓말

거짓말을 하지 말라! 이는 이 세상에 있는 모든 종교의 가르침이고, 이 세상에 태어나 살고 있는 모든 어른들과 모든 선지자들이 하나같이 권고하는 인생의 진리이다. 그럼에도 불구하고 아름다운 거짓말이라니! 정말이다. 세상에는 하느님도 하나님도 예수님도 부처님도 눈물을 흘릴 아름다운 거짓말이 있다. 신(神)이 눈물을 자아낼 정도로 아름다운 거짓말이 비단 김우중의 주위에만 있는 것은 아니지만, 이곳에서는 김우중의 예를 들어보자.

김우중은 자기 인생에서 어머니와 스승과 친구가 준 영향이 크다는 말을 자주 하고는 했다. 대구에서 서울로 올라와 당시 한국 최고 수준인 경기고등학교를 다니고 있었지만 김우중은 문자 그대로 우수(優秀)하고 선량(善良)한 학생만은 아니었다. 복싱도 좋아하고 때로는 어둠의 뒷골목도 돌아다닌 경험이 있는 신통치 않은 청소년이었다.

친구가 좋았다. 이름을 밝힐 필요는 없지만, 이런 우중이를 맞아 시험 공부를 같이하며 공부의 재미를 느끼게 하고, 같이 어울려 다니며 놀아준 단짝이 있었다. 그 친구가 아니었으면 고등학교 재학 시절에 자신이 공부의 맛을 알았을까 하는 점에 대하여 심한 의구심을 제기한 바가 있다. 그래서 그는 친구가 좋다는 말을 자주 한다. 특히 대우를 창업하면서 앞길이 창창한 좋은 직장에 근무하던 친구들이 뜻을 모아 같이 일을 시작해준 우정을 평생을 통하여 가슴 깊이 묻고 산다.

김우중을 특별히 생각하는 선생이 한 분 있었다. 다른 분들은 공부를 잘 하지 않는다고 눈총을 주었을지 모르지만 그 선생님은 김우중을 그렇게 생각하지 않았다. 아인슈타인도 낙제를 한 경험이 있고, 에디슨도 학교에서 쫓겨난 일이 있으며, 박정희도 꼴등을 한 일이 있다. 학생이란 본디 공부를 잘해야 하지만 공부를 못한다고 스승 된 자가 학생을 버려서는 안 된다.

약간 문제가 있을 법한 김우중에게 선생님은 규율부장을 시켰다. 파격(破格)적인 발탁이었다. 김우중은 깜짝 놀랐다. 그리고 더 이상 나쁜 학생이나 문제가 있을 법한 학생이 될 수가 없었다.

규율부장이란 직책이 그의 몸과 마음을 가다듬고 타의 모범이 되게 했다. 김우중을 사람으로 만들기 위한 선생님의 고등 전략이었다. 다른 선생들이 미처 눈치 채지 못한 김우중의 몸속에 숨어 있는 탁월한 능력을 미리 알아차린 선생님의 발탁이었다. 혜안이었다. 그 때의 김우중 속에는 오늘의 김우중과 같은 능력이 숨어 있었다.

고등학교 다닐 때에 친구와 스승의 덕을 보았다는 김우중의 생애에 가장 깊은 영향을 미친 사람은 역시 어머니였다. 어머니는 독실한 기독교 신자로 다섯 남매를 대학까지 가르친 현모(賢母)였다. 늘 성경과 찬송과 기도로 사시던 분이다. 성경을 읽으며 하나님을 공경하는 어머니, 찬송을 부르며 어려운 삶을 달래는 어머니, 기도를 하며 자식들의 장래를 기원하는 어머니의 모습을 김우중은 매일같이 아침저녁으로 보며 자랐다. 어머니! 말로 다 표현할 수 없는 깊은 영향을 주신 분이다.

대구 방천시장 시대 김우중의 이야기를 들어보자. 어머니는 매일같이 신문을 팔고 밤늦게 집으로 돌아오는 그를 동생들과 함께 기다렸다. 아들이 돌아오면 그제야 저녁상을 차려놓고 온 식구들이 한 자리에 모여 앉아 저녁을 먹었다.

그런데 간혹 어떤 날은 어머니만 기다리고 동생들은 자고 있을 때가 있었다. 어머니는 집에 돌아온 아들에게 밥상을 차려왔다. 그런데 밥은 한 그릇뿐이었다.

"어머니, 잡수세요."

"아니다. 나는 아까 너를 기다리다가 동생들과 함께 먼저 먹었다. 시장하겠다. 어서 먹어라."

이상한 일이다. 아무리 늦게 집에 돌아와도 어머니는 기다렸다가 동생들과 둘러앉아 밥을 먹었다. 그런데 오늘은 왜 그렇지 않을까. 동생들은 잠이 들고 어머니는 미리 밥을 드셨다니 수긍이 가지 않았다. 밥 그릇 하나, 그것은 그날 저녁 김우중가(家)의 단 한 그릇밖에 없는 식량의 전부였다.

"어머니가 잡수세요. 저는 집에 돌아오다가 너무 늦어서 길거리에서 풀빵을 좀 사먹고 왔어요. 저는 배가 고프지 않아요. 드세요, 어머니! 어서 드세요."

아들과 어머니는 밥 한 그릇을 놓고 이렇게 서로 먹으라고 눈물겨운 거짓말을 하고 있었다.

예수를 안고 있는 마리아만이 위대하고 아름다운 성모가 아니다. 자식을 생각하고 아끼고 사랑하는 이 세상의 모든 어머니가 성모이고 마리아이고 모성애의 극치를 보여주는 아름다운 여인들이다. 그 아름다운 여인들과 착한 자식들 사이에는 오늘 이 밤에도 '아름다운 거짓말'이 오고 간다. 누가 아름다운 이 거짓말을 하지 말라 할 것이며, 누가 이 아름다운 거짓말을 나쁘다 할 것인가.

이런 눈물겨운 거짓말의 한때를 겪지 못한 사람은 이 눈물겨운 아름다운 거짓말의 세계를 모를 것이다. 사랑의 거짓말, 아름다운 거짓말, 그것이 김우중의 가슴에 맺혀 비즈니스 세상의 문을 열게 하였다. 남들처럼 배불리 먹고 편히 사는 유복한 가정의 아들이었다면 구태여 돈을 벌겠다고 사업계에 뛰어들지는 않았을지도 모른다.

춥고 배고팠다는 말을 빼고 김우중은 청소년 시절을 회상할 수 없다. 배고픔과 굶주림, 그것은 김우중을 성공으로 이끈 또 하나의 어머니요, 스승이요, 벗이다. 그래서 그는 돈이 보이는 세상을 찾아 나섰고, 그래서 그는 가는 곳마다 돈이 보이는 세계적인 '돈 도사'가 되었다.

은행과 사람들

대학을 졸업하고 김우중이 들어간 곳이 한성실업이다. 무역부에 들어가 은행 관계 업무를 맡았다. 그때만 해도 우리나라의 무역은 걸음마 단계나 다름이 없었고, 무역회사와 은행 업무 역시 능률적이거나 세련된 단계가 아니었다. 어쩌면 무역회사 직원들이 은행 주위를 허둥대고 돌아다니는 '허둥지둥 시대'라고 해도 과언이 아닌 때였다.

김우중의 선임자는 아침, 점심, 저녁으로 서류를 들고 황급히 은행에 뛰어 다니고 있었다. 하지만 김우중이 업무를 인수하고 보니 그렇게 뛰어 다닌다고 해서 능률이 오를 일이 아니었다. 하루에 몇 번 씩 은행을 뛰어 다녀도 은행의 결재는 오전에 한 번과 오후에 한 번밖에 나지 않았다. 결재 시간 직전까지 오전 오후를 나누어 서류를 하루에 두 번만 접수하면 되는 것을 선임자는 덮어놓고 은행에 서류를 빨리 접수해야 빨리 결재가 나는 줄 알고 하루에도 몇 번씩 은행에 뛰어 다니고 있었다.

김우중은 은행 결재 시간을 알아낸 다음에 하루에 딱 두 번씩만 은행에 갔다. 결과는 허둥지둥 여러 번 뛰어 다닐 때나 마찬가지였다. 거기다가 은행에 가지고 다니는 서류를 요식화(要式化)하는 아이디어를 냈다. 무역 서류라는 것은 거의가 고정난이고 금액이나 수량 같은 몇 가지만 유동난이다. 유동난만 공백으로 남겨놓고 고정난은 미리 인쇄해 놓음으로 해서 서류 작성에 드는 시간을 최소화했다.

은행에 가는 횟수가 줄고 은행에 제출하는 서류를 만드는 시간이 줄어들었으니, 그만큼 여유가 생기고 능률이 올랐다. 바로 그것이었다. 남의 회사에 다닌다고 생각해서는 안 된다. 내 회사에 내가 다니고 있다는 생각 아래 어떻게 하면 보다 능률적이고 보다 효율적으로 업무를 수행할 수 있느냐를 생각해야 했다.

은행 창구에는 새파란 아가씨들이 앉아 있었다. 수많은 회사의 사람들이 찾아오고 있으니, 창구에 앉아 있는 아가씨가 도와주느냐 않느냐에 따라 은행에서 기다리는 시간이 달라졌다. 김우중은 어떻게 하면 은행 아가씨들과 가까워질 수 있을까 곰곰이 생각해보았다.

마침 회사의 창고에는 수입은 해놓았으나 팔리지 않은 여자 양장 옷감이 많이 쌓여 있었다. 옷감은 옷을 해 입을 때에 빛이 나지, 옷을 해 입지 않고 창고 속에 처박아둔다면 아무 가치가 없다. 김우중은 그 점에 착안하여 그 옷감들을 은행 여직원들에게 세일하면 어떨까 하는 생각을 해냈다. 은행 여직원들은 좋은 물건을 싸게 사서 좋고, 회사로서는 골치 아픈 재고품을 현금화할 수 있어서 좋으며, 김우중 자신은 그를 계기로 은행 여직원, 특히 수출입 창구에서 근무하는 여직원들과 사귈 기회가 있어서 좋을 듯했다.

아이디어는 적중했다. 은행 아가씨들은 무척 반기며 옷감을 사가고, 회사에는 현찰이 듬뿍 들어오고, 김우중은 은행 여직원들의 얼굴을 쉽게 익힐 수 있었다. 그 다음부터 김우중이 다니는 은행에서 한성실업의 김우중이 급행을 탄 것은 두말할 나위가 없었다.

세상만사 생각하기 나름이고 행동하기 나름이다. 남들은 어렵다고 하지만 김우중이 보기에는 방법만 약간 고치거나 시각만 약간 조정하면 어려운 일들이 금세 쉬운 일로 변하였다. 그것이 세상이었다.

김우중은 직접 무역회사를 설립하기로 작정했다. 간신히 자본금 500만 원을 만들어 직원 다섯 명과 함께 대우를 창업했다. 1967년이었다. 1967

년이라면 삼성의 이병철과 현대의 정주영은 이미 우리나라에서 재벌급의 기업을 일구고 있을 때다. 그때 고고(孤苦)의 고통스런 기업 세계에 첫발을 내디딘 대우(大宇)가 문자 그대로 지금과 같이 세계적으로 큰 회사가 될 줄은 누구도 몰랐을 것이다. 아마도 창업자인 김우중 자신도 몰랐을 것이다. 사실 이 세상에 큰 기업을 일군 사업가치고 자신이 세계적인 기업을 일굴 것이라고 예상한 사람이 몇이나 있을까.

사람마다 사업을 하려고 하지만 사업 자금이 없어서 사업을 하지 못하는 경우가 허다하다. 김우중은 '돈줄은 자신의 가산이 아니라 은행이 쥐고 있다'는 사실을 잘 알고 있었다. 아무리 큰 기업을 하는 사람이라고 하더라도 자기 집 재산 가지고는 큰 사업을 하기 어렵다. 모든 기업들이 은행 돈을 가지고 장사를 한다.

그러나 어디 은행 금고가 자기 집 안방에 있는 금고처럼 마음대로 열고 닫고 쓸 수 있는가. 은행 돈을 쓰려면, 쓰고 닫고 신 가지각색의 어려움을 다 당해야 한다. 대우를 창업한 초기의 김우중도 예외가 아니었다.

한 번은 은행 돈이 급히 필요했다. 규모가 좀 커서 직원들이 얻어내기에는 어려운 액수였다. 김우중 자신이 직접 뛰어들었다. 직원으로부터 은행 관계 사정을 들은 김우중은 어둠이 깔린 신새벽에 지점장 집을 찾아갔다. 만나주지 않았다.

그렇다고 그만둘 수가 없었다. 사업을 한다는 사람이 어려움이 있다고 필요한 자금은 융자 받지 못하고 은행 지점장까지 만나지 못한다면 사업은 애시 당초부터 실패한 것이나 다름이 없다. 김우중은 만나주지 않는 지점장 집을 몇 번이고 찾아갔다. 누가 왔다 갔다는 흔적이라도 남겨야 했다. 그래야 누가 왜 왔다 갔는지를 지점장도 알게 된다. 결국 이처럼 끈질긴 김우중의 노력 덕분에 그는 지점장을 만날 수 있었고, 그가 필요한 자금을 얻어 쓸 수 있었다.

대우를 창업할 당시에 우리나라 기업들 사이에는 수출을 하면 망한다는 소리가 나돌고 있었다. 그만큼 수출의 수지타산(收支打算)이 맞지 않았다. 그래도 김우중은 수출을 주종으로 삼았다. 세계를 상대로 하는 수출을 하지 않는 한 좁은 나라에서 물건을 만들고 팔아 보아야 우물 안의 개구리나 다름이 없다고 생각했다. 밑질 각오로 세계를 상대하다 보면 거기에 국내보다 엄청나게 큰 세계 시장이 발견될 것이라는 확신이 있었다.

김우중의 생각은 적중했다. 서서히 수출업계에 '무서운 아이'로 등장한 김우중은 어느 날 '우뚝 선 대우'로 만인 앞에 나타났다. 그 날은 서울 역 앞에 서 있던 당시 한국 최고층 빌딩이던 교통부 소유 '교통센터'를 인수하여 '대우센터'라는 간판으로 갈아달던 날이었다. 세상 사람들은 깜짝 놀랐다.

사실 그 당시에 서울에는 교통센터 말고도 또 다른 상징적인 건물이 있었다. 서울의 명산인 남산의 동쪽 끝 언덕의 넓은 땅에 순 한식으로 아담하게 지어진 영빈관(迎賓館)이었다. 5·16 이후 박정희 정부는 그 위에 반공센터라는 빌딩을 세웠다가 민간인에게 불하하여 지금은 타워호텔이 되었고, 밑에 지은 영빈관은 삼성에게 불하하여 지금은 신라호텔이 되었다. 대우가 먹은 교통센터는 삼성의 이병철이나 현대의 정주영도 먹지 못하던 건물이다.

대우는 어느 누구도 넘볼 수 없을 만큼 성장했다. 대우와 김우중은 무서운 속도로 성장하고 있었다. 돈과 권력은 대우의 후견인과 같았다. 돈이 없어 사업을 하지 못하고 백이 없어서 성장을 하지 못하는 한국 특유의 기업 풍토에서 대우는 돈과 권력이라는 양 날개를 한꺼번에 단 비행기나 다름이 없었다. 창공(蒼空)이 저희 것이요, 세계가 저희 것이었다.

세계는 하나다

'독일은 하나다' 라는 말이 세계 매스컴의 헤드라인을 장식한 때가 있었다. 이 말이 통일을 염원하던 독일인들의 구호였다. 남북으로 분단된 우리나라도 '겨레는 하나다' 라는 구호가 도처에서 밀려온다. 그러나 내가 여기에서 말하는 '세계는 하나다' 라는 구호는 정치 구호가 아니라 대우그룹 창업자 김우중을 설명하기 위하여 만들어낸 '캐치 플레이즈'이다.

남의 말을 하기는 쉽다. 특히 남을 높여주기는 어려워도 남을 깎아내리기는 쉽다. 못 사는 사람들도 잘 사는 사람들을 존경하고 본받으려고 하기보다는 깔아뭉개는 태도를 갖기가 쉽다.

이병철이 삼성물산을 세워 무역을 하고 제일제당을 세우고 제일모직을 세워 돈을 벌자 삼성과 제일의 이병철을 존경하는 사람도 있었지만 '그 사람은 생산업을 하지 않고 순전히 소비재만 취급하여 돈 번 사람!'이라고 매도하는 사람들이 있었다. 건설적인 산업은 하지 않고 소비적인 산업만 조장했다는 비하(卑下)였다.

소비와 생산은 동전의 양면이다. 소비가 있으면 생산이 있고, 생산이 중요하면 소비도 중요하다. 수출입 역시 마찬가지이다. 수출이 있으면 수입이 있고, 수입이 중요하면 수출 또한 중요하다. 보는 사람들의 판단 기준에 따라 생산과 소비, 그리고 수입과 수출의 중요성이 다르기는 하겠지만, 이론적으로는 소비보다는 생산이, 수입보다는 수출이 높은 점수를 따는 것은 사실이다.

이병철에게 쏟아진 비난과 비슷한 비난이 김우중의 머리에 쏟아진 일이 있다. 김우중, 그 사람은 '자기가 세운 공장은 없고 남들이 세워놓은 공장을 인수해서 돈을 번 사람'이라는 비아냥이었다. 사실 김우중의 대우그룹이 거느리고 있는 많은 회사들을 보면 그런 지적을 받을 만한 여지가 많다. 대우그룹을 형성하고 있는 많은 기업들이 대우의 창업자 김우중이 창설한 기업이 아니라 다른 사람들이 창업하여 운영하던 기업들이다. 어찌어찌하여 김우중의 손에 들어와 대우와 같은 세계적인 큰 기업의 주춧돌이 되거나 일부가 되었다.

김우중도 그러한 사실을 부인하지 않는다. 국내외의 예를 하나씩 들어본다면 벨기에의 유니버설과 국내의 대우중공업을 꼽을 수 있다.

벨기에의 앤트워프에는 세계적인 기업이 하나 있었다. 하지만 경영 상태가 좋지 않아 세계 굴지(屈指)의 회사들에게 인수 교섭을 벌였다. 미국, 독일, 일본 기업들은 그 회사를 인수하면 망한다고 판단했기 때문에 쳐다보지도 않았다.

김우중이 그 소리를 듣고 현장을 조사하도록 했다. 조사 결과, 설비는 괜찮으나 노조(勞組)와 영업이 문제라고 했다. 김우중은 노조와 영업이 왜 문제가 되는가를 파악하고, 그 대처 방안은 없는가를 강구해보았다. 있었다. 김우중의 눈에는 그 회사를 인수하여 살리고 보다 큰 회사로 발전시킬 길이 보였다.

두말할 것 없이 일부 반대와 비관적인 진언에도 불구하고 회사를 인수해서 정상화에 전력을 투구했다. 이름도 유니버설이라고 개칭했다. 얼마 가지 않아 회사는 정상화되었다. 그러자 이번에는 옛날 사장이 김우중을 찾아와 팔 때의 다섯 배를 주겠으니 회사를 되팔라는 제의를 해왔다. 어림도 없는 소리였다. 이 일로 김우중은 '부실기업을 정상화하는 세계적인 명수(名手)'라는 소리를 듣게 된다.

남이 세웠건 내가 세웠건 회사를 살리고 정상화하고 건실하게 키우면 되지 누가 그 회사를 세웠느냐는 그리 큰 문제가 아니라는 것이 김우중의 생각이다. 아무리 큰돈을 들여 큰 회사를 세웠어도 경영이 잘못되어 망하고 나면 아무 소용이 없다. 큰 회사를 세우는 능력은 있으나 제대로 운영하지 못해 망하게 하는 사람이나, 큰 회사를 세우지는 못했을망정, 쓰러져가는 기업을 인수하여 일으켜 세우는 능력을 가진 사람을 비교하면 역시 동전의 양면과 다름이 없다.

대우중공업에 관해서도 김우중의 생각과 변명은 동일하다. 대우중공업의 전신(前身)은 다 아는 바와 같이 한국기계였다. 정부는 삼성과 현대에 한국기계의 인수를 요청했다. 그러나 삼성과 현대는 한국기계에 대한 구미가 당기지 않았다. 그러자 김우중에게 연락이 왔다. 좋웠습니다! 김우중은 일거에 한국기계를 인수하여 오늘의 대우중공업이라는 큰 회사로 둔갑시켜놓았다.

국내외를 걸쳐 대우그룹 김우중의 이런 일화(逸話)의 행진(行進)은 계속된다. 누가 그에게 회사는 세우지 않고 세워놓은 회사만 인수한 사람이라고 비난하고 비하할 것인가. 최근에는 국내에서 허둥대고 있는 쌍용자동차를 인수하여 김우중은 대우—쌍용이라는 거대한 자동차 시장의 중앙에 서게 되었다.

이런 의미에서 김우중은 '쓰러지는 기업을 일으켜 세우는', 병든 기업의 세계적인 명의(名醫)이다. 의사는 환자 곁에 가야 한다. 그래야 환자를 진단하고 수술하고 투약하고 재생하게 한다.

환자와 떨어져 있는 한 아무리 신통력을 가지고 있는 명의라도 죽어가는 환자를 일으켜 세우지 못한다. 김우중 역시 그렇다. 김우중은 쓰러져가는 기업을 인수하면 즉시 환자를 찾아가는 의사처럼 현장에 나타나 진단하고 처방하고 일으켜 세운다. 이른바 김우중의 현장주의(現場主義)이다.

세계적인 조선(造船) 업소로 성장한 대우조선을 재생시킬 때도 그랬다. 김우중은 옥포 현장에 무려 1년 8개월이나 있으면서 진두 지위했다. GM과 헤어진 후 휘청거리는 대우자동차를 보고 그는 부평 공장으로 뛰어갔다. 폴란드나 인도네시아에 자동차 공장을 세우면서는 직접 폴란드와 인도네시아로 날아갔다.

그룹의 총수(總帥)는 높고 그윽한 자리에 앉아 조감적인 입장에서 밑에 있는 여러 기업들을 종합적으로 내려다보며 지휘 통솔해야 한다는 고전적(古典的)인 기업 진두 지휘론은 교통과 통신이 극도로 발달하면서 더 이상 진리가 아니다.

오늘의 세계는 김우중이 세계 어느 좌표에 있건 대우의 모든 정보는 김우중이 있는 지점으로 전파를 타고 날아온다. 세계는 이미 하나이다. 세계는 이미 일일 생활권이 아니라 동시 생활권이다.

김우중의 사전(辭典)에는 집이라든지 일터라든지 서재라든지 식당이라든지 하는 부동사(不動詞)가 없다. 잠은 꼭 잠자리에서 자야 하는 것이 아니다. 달리는 자동차 속에서도, 나는 비행기 속에서도 눈을 감으면 잠을 잔다. 이불이건 요건 베개가 따로 없다. 의자 한 구석에 팔베개를 베면 그곳이 단잠을 자는 곳이다. 먹는 것 역시 김치, 깍두기 따지지 않고 외국에 가면 햄버거나 빵 한 쪽이면 그만이다.

그래서 그런지 그의 해외 현장 나들이에는 별난 손님들을 대동할 때가 간간히 발견된다. 그룹 총수가 해외에 간다면 비서나 유관 회사의 사장이 수행하는 것이 통상적일 것이지만, 김우중의 곁에는 때로는 학자가, 때로는 기자가 동행한다.

학자는 김우중 자신이 필요한 지식을 비행기를 타고 가는 동안이라도 이용하여 습득하기 위함이고, 기자는 밀려드는 인터뷰 요청을 처리할 '지상(地上)에서의' 시간적인 여유가 없어 비행기 내 공중 인터뷰를 하기 위함이다. 그리고 하늘에서 비행기가 목적지의 지상에 내리면 그는 다시 현장으로 달려간다.

그에게 세계가 하나인 지는 이미 벌써 오래되었다. 지금의 김우중은 세계가 하나인 시대가 아니라 이렇게 '하늘과 땅이 하나' 인 시대를 살고 있다. 이것이 바로 김우중의 삶이고, 대우가 가는 길이다. 21세기 전야인 2000년의 문턱에서 그와 함께 현재 하늘과 땅과 세계를 달리고 있는 대우 가족은 약 30만 명이 되는 것으로 알려져 있다. 이것은 바로 기적(奇蹟)도 아니고 신화(神話)도 아닌 인간 김우중의 이야기이다.

좌초 위기를 맞은 김우중의 소리

노태우 시대에는 놀랄 만한 일이 많지만, 그중에서 필자는 처조카인 박철언과 노태우의 관계에 대하여 놀라운 사실들을 많이 발견한다. 노태우가 별을 달고 있을 때에 노태우 집안에는 솔직히 이야기해서 노태우를 빼고 나면 이렇다 할 사람이 없었다. 하지만 처가 쪽으로는 쟁쟁한 인물들이 제법 있었다.

그중 대표자가 노태우의 처남인 김복동이다. 김복동은 노태우와 사관학교 동기 동창생이며, 그 인연으로 김복동의 여동생과 결혼하게 되었다. 김복동은 잘 알려진 대로 육군사관학교 수석 졸업생이고, 자기의 동기 동창인 전두환과 노태우가 한 패거리가 되어 12 · 12사태를 일으키고 5 · 17을 일으켜 정권을 잡는 데 대하여 심히 비판적인 입장을 취하였던 장군이다.

그렇다고 김복동이 적극적으로 자기의 친구인 전두환과 노태우에게 그런 짓을 하면 안 된다고 팔 걷어붙이고 말린 흔적은 없다.

김복동을 빼고 나면 처조카로 박철언이 있었다. 그때 박은 서울지검의 새파란 검사로 있었다. 전노 쿠데타가 성공한 후에 전은 국가보위비상대책위원회라는 희한한 군정(軍政) 조직을 만들어 대권을 잡았고, 이어서 대통령이 되어 청와대까지 점령하였다. 군인치고 전두환처럼 단기간에 합법을 가장하여 대통령이 된 자는 그리 많지 않을 것이다. 그만큼 전두환은 권력을 잡는 데 특출다.

전두환이 대통령 자리에 앉자, 노태우는 수도방위사령관을 거쳐 전두환이 앉아 있던 보안사령관 자리에 앉았다. 그때에 노태우는 전두환에게 자기 처조카인 박이 똑똑하다며 청와대에 데려다 쓰기를 권했고, 그 결과 박철언은 국보위(國保委)를 거쳐 청와대 정무비서실(政務秘書室)에 들어가 대통령 법률 담당 비서가 되었다.

대통령 법률 담당 비서란 어떠한 임무를 가지고 어떠한 일을 하는 자리인가. 일반적으로 대통령 법률 담당 비서란 대통령이 챙겨야 할 법률 문제를 보좌하는 자리이다. 그러나 대통령 법률 담당 비서에 대한 이러한 관찰은 너무 나이브한 해석이다. 겉으로는 그러한 임무를 띠고 있지만 실제로는 소위 통치법률(統治法律)이라는 것을 다루는 자리이다.

그렇다면 통치법률이란 무엇인가? 이 또한 어의(語義)를 해석할 것이 아니라 실제적인 일을 거론해야 이해가 쉽다. 한 가지 예를 들어보자. 대통령이 못마땅하게 생각하는 사람이 있거나 대통령의 통치 행위에 걸림돌 역할을 하는 자가 있을 경우, 이러한 자는 이러이러한 법 몇 조 몇 항에 있는 이러이러한 법률 조항으로 묶어 이러이러하게 처리하면 찍! 소리 못하는 쥐약 먹은 쥐새끼가 됩니다, 하고 진언하는 자리이며, 만일 그러한 법이 없다면 이러이러한 법을 이러이러하게 만들어 그 법으로 다스리면 그 놈의 목은 단칼에 날아갑니다, 라고 꾀를 내어주는 사람이다.

그러한 권력의 자리에 앉아 있었지만, 박철언은 소위 '쓰리 허' 라고 통칭되던 허화평, 허삼수, 허문도의 위세에 눌려 전두환 시대에는 외부적으로 표면화된 권력을 행사하는 자로 세인(世人) 앞에 노출되지는 않았다. 하지만 노태우가 대통령이 되자 일약 황태자라는 별명을 얻을 정도로 서슬이 시퍼런 권력을 휘두르고, 돈과 여인을 떡고물 주무르듯 하였다는 것이 정치 이면을 아는 사람들이 흘리는 말이다. 흘러나온 말들 중에는 정치인에 관한 루머가 다 그런 것처럼 확인할 수 없는 것도 있고, 확인된 것 중에 법의 저촉을 받는 일부 사항에 대하여서는 이미 검찰과 법원의 판단이 나서 박철언 자신이 형무소에 들어가 몸으로 때우고 나왔다.

그러나 내가 거론하고자 하는 박철언의 전두환과 노태우, 두 대통령에 대한 통치 보좌 행위 중에 가장 큰 것은 두 대통령을 보좌하던 새파란 박철언이 어느 사이에 황태자가 되어 '차기(次期) 대권'을 노렸다는 야심과 야망이다. 박철언은 주인을 잡아먹는 호랑이 새끼가 되어 소위 월계수회라는 대단위 거국적 청년 조직을 이끌고, 이 조직을 대리 관리하던 나창주라는 사람의 입을 통하여 '박철언은 떠오르는 태양'이라고 떠벌리게 하였고, 노태우의 마누라 김옥숙 여사에게 달라붙어 노태우를 귀찮게 했다.

"여보오. 박철언이를 후계자로 지명합시다. 세상에 박철언이보다 똑똑한 자가 어디에 있고, 정권을 잡은 후에 박철언이보다 더 당신을 보살펴줄 사람이 어데 있습니까? 김영삼이를 후계자로 삼았다가는 큰일

나요!"

이게 김옥숙의 말이었다. 김영삼을 후계자로 삼으면 큰일 난다는 김옥숙의 말은 결과적으로 옳았다. 노태우는 김영삼을 후계자로 대통령을 시켰다가 자기 자신이 감방을 가는 수모를 당했으니 말이다.

그렇다고 박철언을 대통령 시키자는 김옥숙의 말은 좁은 치마폭을 두르고 사는 여자의 눈으로는 어떨지 모르나, 일국의 역사라는 안목에서 보면 전적으로 옳지 않다. 어떻게 하여 그 새파란 검사 출신 새 정치인을 대통령으로 만든단 말인가.

박철언은 황태자로 노태우 권력의 핵심에 있을 때에 소위 'GP(Grand Plan)'라는 것을 가지고 있었다. 그중의 하나가 여소야대(與小野大) 정국을 타개하기 위하여 김대중과 노태우, 다시 말하여 전라도 세력과 경상도 세력이 합하여 정치를 하자는 것이었고, 남북 분단 사태를 해결하기 위하여 북한의 김일성을 만나 통일의 물꼬를 트자는 것이었다.

내가 김우중의 대우그룹이 좌초 또는 공중분해되기 직전에 처한 이 시점에서 구태여 박철언을 들고 나온 이유가 있다. 박철언이 노태우 정권에서 나를 놀라게 한 것처럼 김우중은 박정희시대에 나를 놀라게 했다. 한성실업이라는 조그마한 회사의 직원으로 있던 김우중이라는 청년이 난데없이 나타나 서울역 앞에 지어놓았던, 당시로는 대한민국 최대, 최고층 빌딩의 주인이 되었기 때문이었다.

현재 대우센타라는 이름의 이 빌딩은 서울역 앞 양동의 사창가 일대를 허물고 21세기 대한민국의 교통을 집약하여 총괄하는 빌딩이라는 명분을 내세워 정부가 지은 건물이다. 이 건물을 박정희는 과거 청년 김우중의 아버지와 맺은 인연을 잊지 못하고 그 은덕을 갚기 위하여 김우중에게 불하(拂下)하여 주었고, 제일은행은 김우중 청년을 팍! 팍! 밀어주도록 하였다.

한때 우리나라의 큰 건물은 다 그 꼴이었다. 일본 놈이 망하고 달아나자 소위 적산(敵産)이라는 일본인 소유의 토지와 건물 그리고 시설이 모두 약삭빠른 자의 손으로 들어갔고, 박정희 시대에도 이 못된 버릇은 없어지지 않았다. 정부가 어떤 특정 목적을 위하여 지었던 건물이나 땅은 또 다른 먹성 좋은 사람들의 입 속으로 들어갔다. 서울의 남산은 세종대왕의 입산 금지 조치 이래 누구도 넘보지 못하던 민족의 성산이었으나, 박정희가 반공센터라는 건물을 지었다가 개인에게 불하해주어 지금은 타워호텔이 되었고, 국빈을 모실 집으로 지었던 남산 동쪽 자락의 영빈관은 삼성그룹의 이병철에게 주어 지금은 신라호텔이 되었다.

김우중의 대우그룹은 박정희가 살아 있을 때는 물론이고, 박정희가 죽은 후에도 전두환 노태우 시대까지 승승장구하여 한국인은 물론 세계인을 놀라게 하였다. 항상 재계(財界) 순위 5위 이내(以內), 아니 2~3위 내에서 한국경제의 톱 리더 자리를 점유했다. 이는 삼성이나 현대 그리고 LG와는 전혀 다른 또 하나의 한국경제의 신화였다.

김우중은 한국에서 재건기업집단(再建企業集團)으로 대우그룹을 형성한 후에 걸음을 멈추지 않고 '세계는 넓고 할 일은 많다'며 세계로 나아갔다. 세계 도처에서 쓰러지고 있는 쓸 만한 기업들을 골라 인수하며, 그는 한국에서 하던 식으로 재건의 기쁨을 맛보려 했다. 그 결과 겉으로 보면 세계의 유수(有數)한 기업들이 대우의 손에 잡힌 것으로 보이지만, 속으로는 빚이 얼음덩이처럼 팽창(膨脹)하여 종국(終局)에는 자기 배가 터질 지경에 이르렀다.

지금은 대우호가 좌초한 상태이다. 침수(浸水)가 될 것인지, 아니면 다시 부양(浮揚)할 것인지, 다시 부양하였다가 공중분해가 될 것인지, 아니면 부양 후 부력(浮力)을 유지하여 21세기의 바다를 다시 항해할지는 누구도 장담할 수 없다. 다만 필자의 개인적인 희망으로는 부침(浮沈)보다는 부양을, 부양보다는 항해의 재개를 열망하고 있는 것이 사실이다. 그러면 김우중의 대우그룹은 언제부터 부침하기 시작하였으며, 그 와중(渦中)에서 김우중은 어떤 말을 토로하고 있었는지 살펴보자.

피땀 흘려 모았던 외환(外換)을 다 까먹고 대한민국 김영삼 정부가 IMF에 구제 요청을 한 것은 1997년 11월이다. 그때로부터 한 달도 못 되어 새정치국민회의 김대중 후보가 대통령 당선자가 되었고, 1998년 3월 대한민국 제15대 대통령이 된 김대중 대통령은 민주 투사로 대통령이 된 것을 일소(一掃)하고 한 순간에 IMF사태의 해결사로 등장했다.

그때 대우호(大宇號) 선주(先主) 겸 선장인 김우중은 김대중 정부가 금과옥조(金科玉條)로 삼고 있던 구조 조정, 해고 등 일련의 IMF처방전에 아랑곳하지 않았다. 오히려 이와는 정반대라고 할 수 있는 전혀 다른 GP(Global Picture)의 전도사로 새 정부에 얼굴을 내밀었다. 박철언의 GP와는 전혀 다른 그림이었다.

"대한민국 기업이 대한민국이라는 좁은 땅에서만 터전을 잡는 시기는 이미 지났고, 대한민국 기업인이 대한민국 내에서만 경영을 하는 시대도 이미 지났다. 나는 대한민국에서 기업을 세우고 대한민국에서 성공한 기업인이지만, 이제는 세계를 무대로, 세계에서 터전을 잡고, 세계에서 이윤을 창출하는 세계경영을 하고 있다."

한국에서 정치 격변(激變)이란 기업의 사활(死活)을 좌우하는 중대한 사안이다. 김영삼 정권이 들어설 때도 그랬다. 대통령 선거전에서 김영삼과 한판 승부를 겨루던 현대그룹의 정주영을 향하여 김영삼은 가는 곳마다 정주영을 향하여 '돈으로 정권을 얻으려는 것은 총칼로 정권을 얻는 쿠데타보다 더 나쁜 것'이라고 주장했고, 김영삼이 정권을 잡은 후에는 겁(?)도 없이 돈만 있다고 자기에게 대들어 자기 표를 깎아 먹은 정주영 할아비에게 모진 매를 가했다. 금융을 제한하고 특혜를 몰수하고 자금을 회수했다. 그 결과 정주영으로서는 김영삼 정권 5년이 지나간

반세기보다 더 긴 세월이었다.

김영삼 정권 후에 들어선 김대중 정권은 그 자체가 어떤 면에서는 한국 정치에 혁명적인 사건이다. 김대중은 그동안 역대 정권으로부터 용공주의자(容共主義者), 혁신주의자(革新主義者), 진보주의자(進步主義者)로 지목되어 지탄을 받아왔다. 그런데 그런 그가 대통령이 된 것이다. 당연히 옛 정권들의 물주였던 재벌, 재계 인사들은 사태의 추이를 세심하게 관찰하고 있었다. 그때에 김우중은 김대중 정부가 매달리고 있는 IMF 처방전을 휴지조각처럼 생각하고, 또 이런 말을 했다.

"축소(縮小)가 능사(能事)가 아니다. 고난(苦難)의 시기를 맞은 우리는 축소보다는 오히려 수출(輸出)을 500억 달러로 확대(擴大)해야 한다. 그 길이 살길이다."

이는 재벌 기업 구조 조정 정책에 대해 정면으로 도전장을 내민 것과 같은 폭탄선언이었다. 한 마디로 IMF 처방전과 새 정부의 정책이 틀려먹었다는 거나 다름이 없는 언사(言事)였다. 그 이유를 김우중은 공개적으로 이렇게 말했다.

"서구적(西歐的) 방식과 동양적(東洋的) 방식은 다르다. IMF는 서구적 방식이다. 산업 혁명이래 가지각종의 단계를 거쳐 오늘에 이른 서방 세계, 특히 미국을 비롯한 IMF가 자기들 방식대로 따라 오라고 하는 것은 틀려먹은 생각이다. 일본과 중국은 미국이나 IMF의 권고를 받아들이지 않고 있다. 다시 말하여 미국은 중국이나 일본을 마음대로 하지 못하고 있다.

아시아는 아시아적 방법이 있다. 아시아적 방법이 아무리 나쁘다고 하더라도 80%는 옳고 20% 정도가 나쁠 것이다. 그런데 그 80%를 나쁘고 나머지 20%만 옳다고 보는 것은 잘못이다. 전문화(專門化)라고 하는데, 전문화한 기업치고 살아남은 대기업이 없다. 대기업은 절대로 유지해야 한다. 대기업이 무너지면 21세기의 한국경제는 전망이 없다."

그는 이어서 말한다.

"요즘의 한국 사태를 봐라. 한국이 망한다고 난리 법석이 아닌가? 그 현상의 흐름을 살펴보아야 한다. 외국 컨설팅 회사들은 자꾸 한국 기업의 상태가 나쁘다는 소문만 내고 있다. 그 다음에는 CNN이 와서 한국 경제를 조지고, 그 다음에는 무디스가 와서 신용 등급을 깎아내리고, 돈을 주면서 고금리를 강요한다. 기업은 장사를 해보아야 1% 이윤도 제대로 내지 못하는데 국내 은행마저 4%의 고금리를 먹는 고리대금업자가 되었다. 왜 기업이 이렇게 앉아서 당하고만 있어야 하는가."

이 말 속에는 무슨 뜻이 숨겨 있을까. 대한민국 김대중 정부는 미국이나 IMF가 하라는 대로 졸졸 따라만 가고 있다는 말이 담겨 있는 것은 아닐까. 그렇다면 김대중 정부로서는 김우중의 놀라운 변신적(變身的) 발언에 놀라지 않을 수 없었을 것이고, 혹시 괘씸한 생각을 한 사람도 있지는 않았을까? 이런 의구심에 대답이라도 하는 것처럼 김우중은 이렇게 말하고 있다.

"나만 미친놈이 되었다. 내가 500억 달러 수출 확대 정책을 펴야 된다고 찾아다니며 설명하다가 당한 수모는 이루 다 말할 수 없다."

그러면서 김우중은 한 술 더 떠 1,000억 달러 수출론을 들고 나왔다. 그렇다면 김우중은 왜 새 정부의 경제 정책과 상치(相馳)되는 이런 발언들을 하였으며, 자기가 보아도 빤히 알 한국경제의 외환 고갈 사태에도 끄덕하지 않고, 자신만만하게 이런 말을 하며 국내외를 주름잡고 있었을까, 그의 말을 들어보자.

"김대중 대통령도 알고 계신 일이다. 우리는 GM을 믿었다. GM과 합의를 하지 않았던가. 김대중 대통령이 당선 후 미국에 갔을 때에 GM 측에서도 대우와의 합의사항을 말씀드렸다. 그때에 대우가 GM에서 합의 약정한 대로 돈을 들여왔으면, 대우(大宇)에게 대우(大愚)와 대우(大憂)

는 없었다. 그런데 그게 아니었다. GM은 자체 분규에 휩싸였고, 포드와의 전쟁에서 지지 않기 위하여 대우와 합의를 지키지 못한 것이다."

그리고 김우중은 또 한 말이 있다.

"쌍용자동차가 있지 않느냐? 그거? 정부에서 인수하라고 해서 인수했다. 우리 대우자동차와 중복 투자가 되는 것도 아니었으므로 쌍용의 인수가 대우에게 아무런 지장도 초래하지 않았다."

김우중의 말은 계속된다.

"삼성자동차도 있지 않느냐? 그걸 왜 대우가 인수하려고 했겠느냐? 그것도 돈 잘 벌고 있는 대우전자와 빅딜을 하면서까지 말이다……. 어디 그것뿐이냐? 기아자동차도 1차 유찰이 되면 구조 조정 대상에 넣어 주기로 되어 있었다. 정부가 2차로 입찰하는 바람에 우리만 병신이 되었다. 왜 그러나! 장사꾼은 신용을 지킨다. 그런데 왜 정부가 이러나. 우리와 협상하기로 되어 있던 것이 아니냐? 만일 대우가 정리 대상이 되는 부실기업이었다면 쌍용, 삼성, 기아 세 자동차를 대우에게 주려고 했겠느냐?"

쌍용자동차와 삼성자동차 그리고 기아자동차가 대우행(行)으로 방향타를 잡았던 점을 보면, 이 대목에서 정부의 IMF 타개 정책은 중간에 중대한 변화가 있었다고 추측할 수도 있다. 아니면 정부가 대우를 잘못 보았던 실수가 있었던 것을 정부 스스로 인정하는 셈이 된다.

김우중은 새 정부가 들어서서 격변하는 정책의 소용돌이 속에서 생존과 발전이라는 두 가지 열쇠를 가지고 국내와 국외를 치달았다. 그때 김우중 신상에 중대한 사태가 발생했다. 병원에 입원하여 머리 수술을 하게 되었던 것이다. 수술 결과가 좋아서 다행이지만, 그때에 나는 김우중 회장이 얼마나 고민을 했으면 머릿속의 실핏줄이 터졌겠느냐는 생각을 했다. 머리를 싸매고 고민한다는 말이 있고, 머리가 터질 정도로 싸운다는 말도 있다. 실제로 김우중은 머리가 터졌던 것이다.

부자가 되는 것이 좋은 줄 알지만 부자라는 말에 팔팔 뛰고 돌아다니며 해명한 회사가 대우이다. 왜 그랬을까? 정부에서 재계 순위를 발표했다. 그때까지 한국의 재계 순위는 현대-삼성-대우-LG-SK 순이었다. 그런데 대우가 쌍용을 가져가면서 재계 순위가 현대-대우-삼성으로 되어, 재계 순위 3위이던 대우는 일약 삼성을 누르고(?) 2위에 올랐다. 말하자면 재계 순위로 보면 삼성보다 더 앞이라는 뜻이다.

그러나 이 발표에는 대우가 길길이 뛰어다니지 않을 수 없는 요소가 들어 있었다. 자본주의 사회에서 자본이란 부채도 자본으로 환산하는 철칙이 있다. 정부가 발표한 재계 순위 제2위의 대우는 부채를 포함한 부자였다. 부채를 빼고 나면 당장 부르던 배가 푸욱! 꺼져 굶어 죽어야 한다는 사실이 재무제표와 재무 구조를 통해 공개되었다. 대우는 가만히 있을 수 없었다.

이때에 일본의 노무라증권에서 대우의 사세(社勢)에 관한 〈대우(大宇)에 비상벨이 울리고 있다〉는 결정적인 보고서를 발표했다. 그 내용은 이렇다.

'대우그룹은 빈껍데기이다. 대우는 빚이 많다. 빚을 갚기 위하여 돈을 끌어내야 할 금융은 제한 받고 있다. 대우는 주식 시장에서 자금을 끌어오든지, 아니면 재산을 파는 수밖에 없다. 그런데 주식 시장에서 대우는 자금줄이 끊겼다. 주식 시장을 통한 자금 조달 전망도 없다. 그렇다면 대우가 계열 회사를 팔아야 하는데, 국제 시장에서 대우의 계열 회사 중에 팔릴 만한 회사가 어디 있느냐?'

대우로서는 엎친 데 겹친 격이었다. 엊그제까지만 해도 서울대와 고려대 그리고 한국외국어대 등에서 김우중의 '세계경영론'을 교재로 삼았고, 하버드 대학의 비즈니스 스쿨에서도 김우중의 성공 스토리를 세계경영의 성공 사례로 가르쳤다. 김우중은 세계경여의 중심에 있었고, 그가 창업한 세계 굴지의 대기업이 바로 대우였다. 그런데 그 대우가 사면초가에 빠졌다. 이때에도 김우중은 굽히지 않았다. 새 정부의 재벌 해체 정책에도 공개적으로 비판하고, 자신의 자금력도 대내외적으로 과시했다.

"재벌 해체론은 잘못된 일이다. 한국경제를 누가 여기까지 끌고 왔느냐? 재벌 아니냐! 재벌이라고 하지 말라. 차라리 대기업이라고 불러주었으면 좋겠다. 대기업이 나쁘다고 단죄하는 것은 단견(短見)이다.

일본을 봐라. 2차 세계대전 후에 미국은 100만 이상씩 고용하고 있던 재벌그룹을 강제로 해체시켰다. 그러나 일본은 어떻게 하였는가? 다시 재벌이 일어나도록 하였고, 그 결과 오늘의 일본은 세계 경제 대국이 되었다. 왜 우리나라는 재벌을 죄악시(罪惡視)하고 구조 조정에 해체 위기를 맞아야 하는가.

대우의 기업은 세계 도처에 있다. 자동차회사도 폴란드, 우크라이나 등 세계 도처에 있다. 대우는 지금도 유럽에서는 리보 기준 이하로 자금을 조달하고 있다. 대우가 일본의 도요다처럼 되지 말라는 법도 없다. 대우자동차도 세계 탑 5가 될 수 있다.

지금은 해외 기업들이 인수 단계라서 어렵기는 하지만, 해외 기업이라는 것이 인수하면 곧장 돈을 버는 것이 아니다. 2~3년은 적자가 나고, 그 후 2~3년 동안에 정상 가동이 되고, 다시 그 후 2~3년에 돈을 벌게 된다. 내가 세계에 펼쳐놓은 그랜드 픽처는 적어도 8년은 되어야 돈을 번다. 우리는 그 와중에서 좌초의 위험에 걸린 것이다.

대기업을 왜 해체하려고 하는가. 대기업이 가지고 있는 시설은 해체하면 고철 덩어리가 되고 만다. 돌려야 황금 알을 낳는다. 그런데 왜 해체를 한단 말인가."

이쯤 되면 김우중의 시각이 새 정부 경제 정책과 대단히 마찰되고 있는 것을 알 수 있다. 물론 이 쿼테이션은 김우중의 발언 내용을 김우중 입장에서 강화하여 쓰는 크리에이티브 다이얼로그이기 때문에 뉘앙스에서는 차이가 있을 것이나, 김우중의 말과 마음을 읽는 데에는 크게 참고가 될 말들이다.

그러다가 어느 날 김우중은 대리인을 시켜 손을 들고 말았다. 계열 기업을 정리하겠다는 말이었다. 김우중으로서는 백기 투항이었다. 그래도 대우에게 조여오는 사면의 압박은 풀어지지 않았다. 하는 수 없었다. 김우중은 스스로 단상에 서서 이렇게 말했다.

"34개 계열 회사를 8개로 정리하고, 자동차 산업에만 전념하겠다."

이건 물론 공개 발언이다. 백기를 든 후에 적장 앞에 가서 무릎을 꿇고 앉아 읍소(泣訴)하는 소리나 마찬가지였다. 나는 이 처절한 대우의 몰락 과정을 지켜보면서, 그렇다면 대우그룹의 창업자인 김우중 자신은 개인적으로 어떤 생각을 하고 있는지가 궁금하였다. 여기에 대한 김우중의 답변은 이렇다.

"견디는 것이다. 갈 데까지 가더라도 끝까지 견디는 것이다. 나는 지금 물에 빠졌다. 지푸라기라도 잡고 끝까지 견딜 것이다.

마음을 비운 지 오래다. 우리 집안은 사업가 집안도 아니고 돈이 많던 집안도 아니다. 나는 운이 좋았다. 내게 오는 운은 오는 족족 잡아 내 것으로 만들다 보니 이렇게 커진 것이다.

나는 아이들에 대해 이런 생각을 하고 있다. 우리 집안에 사업가가 나와서는 안 된다. 큰놈은 대우재단을 키워 미국의 록펠러 재단과 같이 만들고, 작은놈은 박사 학위를 따게 한 다음에 아주대학을 키워 교육에 전념했으면 하는 것이 내 자식들에 대한 희망이다.

두고 봐라. 우리는 그렇게 될 것이다."

김우중의 그랜트 픽처! 이제 붓을 놓고 있는 것일까, 아니면 더 큰 그림을 그리기 위하여 잠시 쉬어야 할 것인가. 이 문제에 대한 답은 세월이 흘러야 나올 것 같다. 다만 한국경제를 이끌고 오며 재계 2~3위 자리를 다투던 대우호와 창업자가 원기를 회복하는 날이 오기를 세계 경제인들과 함께 한국 국민들은 지켜보고 있다.

송우 경희대학교 정치외교학과를 졸업했다. 8대부터 11대까지 국회의원 비서관을 역임했고, 민주정의당 창당준비위원으로 활동했다. 저서로 《한국헌법개정사》, 《전두환참회록》, 《고기를 낚으러 태평양을 가다》 등이 있다. 현재 사초집필실 대표로 재직 중이다.

03

대우 사태 이후 도피생활에서도
나타난 세계경영_한상진

김우중 전 회장의 귀국

김우중이 돌아왔다.

1999년 10월 중국을 방문한 이후 종적을 감췄던 김우중 전 대우그룹
회장이 지난 6월 14일 귀국했다.

그에게 덧씌워진 굴레는 무거웠다. 주식회사 대우 등 4개 회사에 대한
41조원의 분식회계와 10조원의 사기대출 혐의, 그리고 200억 달러 외
화유출 혐의까지 받고 있는 그는 귀국 이틀 후인 16일 전격 구속됐다.

게다가 그는 현재 대우그룹의 해체와 관련, 정치권을 상대로 전방위 로비를 했다는 의혹까지 받고 있다.

김 전 회장의 귀국은 이미 지난달부터 본격적으로 거론되며 초읽기에 들어갔었다. 교감이 있었던 것일까. 그의 귀국을 앞두고 그간 침묵으로 일관했던 전직 대우 관계자들의 목소리가 먼저 터져 나오기 시작했다.

이미 올해 초부터 김 전 회장 측은 '법원의 최종판결이 나온 이후에는 어떤 식으로든 결단이 있을 것'이라고 약속했었다. 지난 4월말 법원의 최종판결이 나왔으니, 김 전 회장은 가장 모범적(?)인 방식으로 약속을 지킨 셈이 됐다.

인터폴 적색 수배 리스트에 올라 있는 상황에서 언제 어디서 붙잡힐지 모르는 불안감이 그가 귀국한 이유라는 분석도 나오고 있고, 건강문제나 정치권과의 조율 등 다양한 해석도 설득력을 가지지만 아직은 그의 갑작스런 귀국 이유를 설명할 방법은 없다. 중요한 건 그가 '귀국'했다는 것뿐이다.

지난 5월29일, 대법원은 대우그룹 '분식회계' 사건과 관련해 사상 최고액인 23조 원대 추징금 부과를 확정했다. 대우그룹 임원 7명의 유죄가 확정됐고 해외 도피 중인 김우중 전 대우 회장은 사실상 공범으로 인정됐다.

귀국 이후 이뤄진 검찰의 조사에서 드러나고 있는 김 전 회장과 관련된 의혹은 언급한 바와 같이 크게 3가지로 볼 수 있다. 첫째는 40조가 넘는 규모의 분식회계이고, 둘째는 외화 밀반출이다. 그리고 셋째는 대우그룹 해체과정에서의 의혹, 다시 말해 '자살인가 타살인가' 하는 부분이다.

6년 전, 김 전 회장이 한국을 떠날 수밖에 없었던 이유는 아직 오리무중이다. 당시 대통령 비서실장이던 김중권의 출국 권유설(민주노동당 조승수 의원 주장)이 새롭게 나오고 있는 가운데, 채권단의 압박설도 상당히 근거가 있는 것으로 분석되고 있다. 하지만 속 시원한 결론은 아직 나오지 않고 있다.

그의 귀국으로 새로운 사실도 하나 둘씩 밝혀지고 있다. 먼저 그는 1999년 10월 20일 중국을 방문한 이후 종적을 감춘 것이 아니었다. 20일 그는 김포공항을 통해 귀국했고, 바로 다음 날 도망가듯 일본으로 출국한 사실이 새롭게 드러났다. 물론 그의 '갑작스런 출국 이유'는 아직 알려지지 않고 있다.

대우그룹과 관련된 사법적인 판단은 이미 종결됐다. 그러나 역사 속으로 사라진 대우그룹의 해체과정은 김 전 회장의 귀국과 함께 새로운 국면으로 접어들게 됐다. 수년째 수사가 이뤄졌지만 정작 그룹총수였던 김 전 회장 없이 진행됐던 수사는 이제 새로운 페이지를 채울 단계에 와 있는 것이다. 대우그룹과 관련된 시계는 6년 전인 1999년으로 다시 돌아가 있다.

김 전 회장의 5년 7개월간의 행적

2005년 2월초, 태국의 수도 방콕에 몇 명의 한국 사람들이 모였다. 골프를 치고 저녁을 함께하기로 약속이 되어 있었기 때문이었다. 이 모임을 주선한 사람은 유명 소설가 김 모 씨였다. 판사를 지낸 임 모 변호사와 신원이 확인되지 않은 정재계 인사 4~5명도 함께했다. 김 씨와 임 변호사가 비행기에 먼저 몸을 실었고, 2~3일 간격으로 정재계 인사들이 따라와 그들과 합류했다.

같은 시간, 프로골퍼 남 모씨는 태국의 유명 휴양지 파타야에 위치한 '크리스탈베이 골프장'에서 이들 일행을 기다리고 있었다. 그곳에서 오랫동안 골프 관련 사업을 해온 남 씨는 이들을 위해 골프장 부킹까지 마친 상태였다. 그러나 약속 하루 전 남 씨는 이들로부터 '만나기 어렵다'는 전화를 받았다. 대신 '시간이 되면 방콕에서 저녁식사를 같이 하자'는 얘기를 들을 수 있었다.

이들 일행이 태국에서 만나기로 약속한 사람은 바로 김우중 대우그룹 전 회장과 그의 부인인 정희자 필코리아리미티드(옛 대우개발) 대표였다. 이들을 태국으로 초청한 사람도 정 씨였다. 남 씨와 정 씨는 이미 오래전부터 골프를 통해 친분을 이어온 사이였고, 김 씨와 정씨도 이미 1990년대 중반부터 가깝게 지내온 사이였다.

그러나 김 전 회장의 초대 형식으로 예정되었던 태국에서의 골프와 저녁 약속은 아쉽게도 불발로 끝났다고 전해진다. '김 전 회장이 만나기에는 조금 껄끄러운 인사들이 함께 있었던' 게 이유였다.

태국 파타야에서 이들을 기다렸던 남 씨는 '골프 약속이 되어 있었다. 정 여사가 한국에 있는 사람들에게 태국으로 한번 오라고 했고, 당시 태국에 머물던 나에게도 연락이 왔다. 골프가 어려우면 저녁식사라도 함께하자고 했었는데 같이 자리를 하기에 부담스러운 사람들이 몇 명 있어서 김 회장과의 약속은 불발이 됐다' 고 사정을 설명했다.

임 변호사도 '(소설가) 김 선생님이 〈같이 태국에 갔다가 오자. 정 여사가 한번 오라고 하더라. 시간이 되면 김 전 회장도 한번 보자〉고 했다' 고 전했다. 그는 또 '지난 2002년 여름 태국에서 김 선생과 함께 김 전 회장을 한번 본 일이 있다' 고 했다.

그러나 임 변호사는 '이번 방문은 김 회장을 만나기 위해 떠난 것은 아니었다. 정 여사, 남 프로, 김 선생님과 오랜만에 운동이나 한번 할 생각으로 갔던 것이다' 고 말했다. 그는 지난 2002년 김 전 회장을 만나 골프를 친 적이 있다고도 했다. 그가 김 전 회장을 만났을 당시 김 전 회장은 세간에 알려진 것과는 다르게 아주 건강한 모습을 하고 있었고, 오랜 도피생활로 인한 피로감은 느껴지지 않았다고 한다.

이들이 전해준 김 전 회장의 근황에 따르면, 김 전 회장은 2월 초 부인 정 씨와 함께 태국에 있는 정 씨 소유의 저택에 머물고 있었고, 베트남과 태국을 오가는 생활을 하고 있었다. 베트남과 태국은 비행기로 한 시간 거리에 불과하다. 태국에 김 전 회장이 사용하고 있는 근거지인 본인의 '집'이 있다는 사실은 취재과정에서 확인됐다. 다음은 이를 확인시켜 준 프로 골퍼 남 씨의 설명이다.

"정 씨와는 한국과 태국 등에서 몇 번 만난 적이 있었다. 태국에서 만날 때는 주로 핸드폰을 통해 서로 연락을 하고 약속을 잡고는 했다. 그런데 올해 초 태국에서 연락을 해왔을 당시에는 가정집 전화를 사용한 것 같았다. 발신자 번호에 찍힌 국번을 보니 방콕의 고급 주택가 쪽인 것 같았다. 정 씨가 방콕에 주택을 구입했다는 얘기를 들은 적이 있는데, 아마도 그 집 전화인 것 같았다."

그러나 이번 모임과 관련, 주선자(?)로 알려진 소설가 김 씨는 '정 여사에 대해서는 아무 말도 할 수 없다'는 입장을 전해왔다. 김 씨는 지난 2000년 이후 해외에서 김 전 회장을 3~4차례 만났을 정도로 김 전 회장 가족과 친분이 있는 것으로 알려져 있는 인물이다.

임 변호사도 '김 선생님이 김 전 회장이나 정 씨와 친분이 깊다. 김 전 회장이 한국을 떠난 이후 해외에서 자주 만나 오신 걸로 알고 있다'고 했고 '김우중 주의자'인 백기승 전 대우그룹 홍보이사도 '김 전 회장님과 정 사장님이 90년대 초쯤 김 선생님의 작품을 보시고 만나기를 원해 자리를 마련한 뒤로 친분을 유지해 오고 있다. 특히 정 사장님과의 친분이 깊다'고 전할 정도다.

남 씨도 '김 선생이 정 여사, 김 회장님과 오래전부터 친분을 가져오신 걸로 알고 있다. 특히 정 여사와의 친분이 깊다. 김 회장님도 지난 몇 년간 3차례 정도 만나신 걸로 들었다. 주로 만난 장소는 태국, 필리핀 세부, 유럽이라고 하더라' 고 전했다.

오랜 외국생활로 몸과 마음이 지친 김 전 회장은 때때로 국내에 연락을 취해 소설가인 김 씨와 대화를 나누면서 위안을 받아왔으며, 지난 6년간 3~4차례 자신이 머물고 있는 곳으로 김 씨를 불러 만나기도 했다고 한다.

김 전 회장이 재계 2위의 거대그룹이었던 대우를 이끌 당시, 그는 골프를 치지 않는 정치인으로도 유명한 사람이었다. '할 일이 너무 많아서 골프를 치며 쉴 시간이 없다' 는 게 이유였다. 실제로 그는 1년 중 6개월을 비행기 속에서 보내는 생활을 했을 만큼 전 세계를 상대로 한 사업에 몰두해 온 워크홀릭(일 중독자)이었다.

그랬던 그도 도피생활의 적적함과 피로감은 어쩔 수 없었던 모양이었다. 그는 2001년쯤 처음 배운 골프에 빠져 최근까지도 열심히 필드를 누빈 것으로 전해진다. 쫓기듯 지내 온 도피생활 속에서 건강을 지키고 화(?)를 다스리는 방편으로 그가 택한 것이 골프였던 것이다.

그가 골프를 처음 접하고 배운 곳은 프랑스였다. 그곳은 그가 도피생활을 시작한 이후 처음으로 정착해 1년이 넘게 살았던 곳이기도 하다. 그는 그곳에서 만난 한국인 프로골퍼로부터 골프의 기본을 익혔다.

한 측근 인사는 '김 회장님이 골프에 한참 빠져 있을 때에는 일주일에

2～3번 이상 필드로 출근을 할 정도였다. 그동안 수차례 수술도 받았지만 몸을 추스르면 어김없이 골프채를 잡았다' 고 전할 정도다. 한번 시작하면 끝을 보고야 마는 그의 성격이 골프에서도 그대로 드러난 것이다.

그러나 그의 골프 실력은 썩 좋은 편은 아니었다고 한다. '그냥 운동삼아 필드에 나갈 정도지, 잘 쳐서 남들에게 자랑할 정도는 아니다' 는게 프로골퍼 남 씨의 설명이다. 남 씨는 '회장님은 평균 110타 정도를치셨다' 고 귀띔했다.

취재과정에서 김 전 회장의 한 측근은 '회장님이 5년이 넘는 도피생활을 하는 과정에서 몸무게가 15kg이상 빠지셨다. 그리고 위암 수술의 후유증과 독일에서 받은 심장 수술의 후유증으로 오랜 시간 고통을 겪었다' 고 전하기도 했다. 그가 독일과 수단, 프랑스 등으로 계속 옮겨가면서도피생활을 계속했던 것도 병을 치료하기 위한 목적이 컸다는 것이다.

그렇다고 그의 지난 6년이 병치레 기간 만으로 채워진 것만은 아니었다. 그는 대우그룹이 해체된 이후에도 계속 남은 회사들의 움직임에 민감한 관심을 보여 왔다. 필요할 때면 어김없이 대우그룹의 전 관계자들을 만났고, 보고를 받고, 필요한 조언도 했다.

그래서인지 항간에는 대우그룹의 전 계열사였던 몇몇 회사들이 '사실상의 김우중 회사' 라는 소문이 나돌았고, 언젠가부터는 기정사실로 받아들여지고 있다.

대우그룹의 전 관계자는 '공식적이라고는 할 수 없지만 필요에 따라

보고 라인이 있었다. 그리고 김 회장과 함께 그룹을 키웠던 사람들이 하나 둘씩 재기에 성공하면서 자연스레 네트워크도 만들어졌다. 사업에 대한 논의부터 김 회장 자신의 거취에 대한 것까지 많은 얘기들이 오갔다'고 전했다.

구체적으로 확인되지는 않았지만 정치인들과의 만남도 많았을 것으로 보는 시각이 있다. 특히 참여정부 출범 이후 연세대 출신 정권 실세들이 대학선배인 김 전 회장과 어떤 식으로든 만났고, 입장을 조율해 왔을 것이란 분석은 거의 사실로 받아들여지고 있다. 이와 관련 관심의 초점이 되고 있는 정치인으로는 연세대 출신의 여당 L, K의원 등이 꼽힌다.

김 전 회장의 도피에는 가족들의 도움도 매우 컸다고 전해진다. 부인인 정희자 씨나 세 자녀는 그의 오랜 해외생활에 가장 큰 힘이 아닐 수 없었다. 특히 지난 2001년 심장수술을 받은 그가 독일 프랑크푸르트에서 8개월 이상 요양을 하던 당시에는 부인과 가족들이 번갈아가며 그를 간호했던 것으로 전해진다.

최근 정 씨는 언론을 통해 '같이 살고 있지는 못하지만 매일 전화를 통해 안부를 묻고 있다'는 사실을 밝히기도 했다. 수단과 프랑스에서 거주할 당시에도 그는 언제나 가족들과 함께 있었다.

5년 7개월의 잠행과 은둔생활 동안 김 전 회장의 거처를 찾기 위한 노력은 전 국민의 관심사가 되어 왔다. 종종 프랑스 니스, 독일, 태국 등에서 그가 머물고 있다는 사실이 확인된 적도 많았지만 루머에 그쳤던 일도 많았다.

김 전 회장의 거취와 관련 확인된 사실들만 보더라도 그가 1999년 우리나라를 떠난 이후 지난 5년간 유럽과 동남아 각국을 자유롭게 오가고 있음을 보여준다. 김 전 회장의 거취가 가장 먼저 확인됐던 것은 지난 2000년이었다.

당시 〈월간중앙〉 10월호는 프랑스 니스 지역에 거주하고 있는 김 전 회장의 대저택을 확인해 사회적인 반향을 일으켰다. 몰락한 재벌총수가 도피 중인 상황에서도 여전히 호화로운 생활을 하고 있다는 사실이 처음으로 확인됐던 것이다.

한때 장안의 화제가 된 '김우중 체포조'가 활동한 것도 그때였다. 지금은 없어진 '대우자동차 공동투쟁위원회'는 김 전 회장이 해외도피를 시작한 지 1년여가 지난 2001년 3월 '김우중 체포조'를 유럽에 파견했다. 〈월간중앙〉의 '김 전 회장 프랑스 거주' 기사가 나간 이후였다.

당시 체포조는 대우자동차 해고노동자였던 유만형 씨와 민주노동당 사무부총장을 맡고 있던 황이민 씨, 민주노총 박점규 전 조직차장 등 3명이었다. 이들 체포조는 10여 일간 프랑스와 스위스에 머물며 김 전 회장의 체포를 시도했지만 실패한 채 프랑스와 국제노동기구 본부가 위치한 스위스 등에서 항의시위를 벌여 세계적인 뉴스거리가 되기도 했다.

체포조에 대한 기사가 전 세계에 타전되면서 김 전 회장은 '세계경영의 기수'에서 '세계적인 수배자'로 전락하는 수모를 겪기도 했다.

5년의 시간이 지난 지금, 당시 체포조에 참여했던 유 씨는 '대우그룹 노동자 1천7백여 명이 일터를 잃게 되는 절박한 순간이었다. 정부나 인터폴 등이 김 회장을 잡겠다는 의지가 없다는 판단 하에 체포조라는 이름으로 프랑스에 갈 수 밖에 없었다'고 당시를 회상하며 '최근 김 전 회장의 사면이 거론되고 있다는 보도를 잡히면 가슴이 무너지는 것 같다. 반성의 기미도 없고 처벌도 받지 않은 부도덕한 재벌총수에게 면죄부를 준다면 전 국민적인 저항에 부딪치게 될 것이다'고 울분을 토했다.

그러나 최근 김 전 회장측은 〈월간중앙〉의 당시 보도에 대해 '사실과 다르다'는 입장을 보이고 있다. 한 때 김 전 회장의 별장으로 알려졌던 이 저택은 '지인의 것이었으며 아프리카의 한 국가 원수 소유였다가 다른 사람에게 소유권이 넘어갔는데, 김 전 회장은 두 사람과 모두 잘 알고 지낸 사이였다'는 것이다.

김 전 회장의 귀국직전 거취는 지난 4월 5일 SBS의 보도를 통해 확인된 바 있다. 당시 보도에 따르면 김 전 회장은 지난해 12월 25일부터 1월 9일까지 보름간 태국에 머물렀던 것으로 되어 있다.

당시 김 전 회장은 방콕에서 자동차로 두 시간가량 떨어진 태국 칸타나블의 보난자 골프장에서 지인 3명과 골프를 쳤으며, 현재는 독일에 머물고 있다고 되어 있다. 독일은 그가 심장수술을 받았던 곳이기도 하다.

지난 4월 9일에는 베트남 하노이에 소재한 호텔에서 김 전 회장이 목격됐다는 보도도 있었다.

해프닝도 많았다. 올해 초 프랑스 '발' 사건은 대표적인 사례였다.

프랑스 철도차량 기업인 로르 사의 회장 로베르 로르 씨가 프랑스 일간지 〈리베라시옹〉과의 인터뷰에서 '지난 몇 년 사이 서울을 포함한 세계 각국에서 김 전 회장을 3~4차례 만났으며, 현재 그가 로르 사의 고문으로 일하고 있다'는 사실을 밝혔던 것이 시발이 됐다.

그러나 이 발언은 로르 회장의 입장 번복과 정부와 경찰청의 '사실 무근이다'이라는 입장 발표로 해프닝에 그치게 됐다. 당시 경찰청은 '로르 회장의 착각일 것'이라며 '출입국 기록을 검토한 결과 프랑스 국적을 가진 김 전 회장의 한국 입국 사실은 없었다'는 입장을 밝힌 바 있다.

지난 2003년 여름 김 전 회장을 만났던 한나라당 박계동 의원의 경우 '태국에서 김우중 회장을 세 시간 동안 만났으며 3개월 정도 나가 있으면 대우자동차를 포함해 4~6개의 회사를 경영할 수 있게 해주겠다는 당시 정부(DJ 정부)의 권유를 받고 나갔다는 말을 김 전 회장으로부터 직접 들었다'고 말해 충격을 주기도 했다. 2002년 12월에도 김 전 회장은 태국의 모처에서 도올 김용옥 교수와 만난 자리에서 '전 정부의 잘못된 재벌개혁 정책이 결국 대우의 몰락을 가져왔다'는 입장을 밝혀 화제가 됐었다.

2003년 1월 미국 포천지와 가진 인터뷰에서는 김 전 회장이 직접 '김대중 대통령이 직접 김 전 회장의 출국을 권유했다'는 사실을 밝혀 파문을 가져오기도 했었다. 정권 인수 시절에 나온 이 발언으로 인해 당시 DJ 정부는 상당한 비난 여론에 시달려야 했고, 지금도 그 여파는 계속되고 있다.

  귀국 전까지 김 전 회장은 총 41조 원의 분식회계를 통해 9조 원이 넘는 불법대출을 받은 혐의로 대검중수부에 의해 수배를 받아왔다. 2001년 5월부터 기소중지된 상태가 계속되어 온 것이다. 현재 그는 특정경제범죄가중처벌법 위반 혐의, 공정거래법 위반, 외화 밀반출, 정치권 로비 의혹 등 족히 20여 개에 달하는 혐의로 검찰로부터 강도 높은 조사를 받고 있다.

〈지난 6년간의 김 회장의 거취관련 보도〉

▲ 1999년 10월 21일 일본으로 출국한 이후 도피생활 시작

▲ 2000년 4월부터 12월까지 7차례 홍콩 방문

▲ 2000년 10월 프랑스 니스에 거주하고 있다는 사실이 〈월간중앙〉 취재를 통해 확인

▲ 2002년 10월 독일에서 장협착증 수술을 받은 사실 보도

▲ 2002년 12월 태국에서 도올 김용옥과 인터뷰(문화일보)

▲ 2002년 11월 베트남 하노이에서 방콕으로 이동, 같은 해 12월 1일 로

마로 출국

▲ 2003년 여름 태국에서 한나라당 박계동 의원과 만나 3시간가량 대화

▲ 2003년 7월 베트남 방문 — 7월 15일 베트남을 방문하여 정부 관계
자를 만난 뒤 다음 날 독일로 출국한 사실이 확인됨

▲ 2004년 2월 독일 비스바덴 거주 확인 — 부인 정희자, 아들 선용 씨
와 함께 거주하고 있는 사실을 스페인 교포가 제보

▲ 2004년 가을 베트남에서 고위 관료들 접촉 — 베트남 하노이 신도시
건설공사와 관련된 협의를 한 것으로 김 전 회장의 측근이 확인

▲ 2004년 11월 중국 베이징 방문설 — 베이징 캠핀스키 호텔 16층 특
별객실에 투숙하며 중국 고위관료들을 면담한 것으로 알려짐

▲ 2004년 12월 25일부터 보름간 태국 방콕 방문 — 태국 칸타나블 보
난자 골프장에서 지인들과 골프를 친 것으로 SBS가 확인

▲ 2005년 2월 초 태국 방콕에 머물고 있었음을 〈일요신문〉이 확인

▲ 2005년 4월 베트남 하노이 모 호텔에서 교민에 목격

▲ 2005년 6월 14일 새벽 베트남에서 귀국

김 전 회장은 구속에 앞서 진행된 검찰 조사에서 '그동안 해외도피 자
금은 어떻게 충당했나'는 질문에 '프랑스 로르 사의 고문으로 채용돼 한
달에 1만 5천~2만 유로를 받았다'고 답한 것으로 알려져 있다. 김 전
회장이 로르 사로부터 그동안 받은 급여는 총 60만 유로(약 7억2천만 원)

였다고 한다. 이 중 40만 유로는 해외 체류비로 쓰고 20만 유로 정도가 남았다는 게 검찰의 설명이다.

2002년쯤부터는 베트남 정부의 경제 고문도 맡았다. 베트남 정부가 추진하고 있는 신도시 조성 사업에 본격적으로 관여했고 골프장, 호텔 사업 등에도 깊숙이 관여해 자문을 해왔다는 게 정설이다. 이를 두고 일 각에서는 '김 전 회장이 재기를 위해 노력해온 것이 아니냐'는 평가도 내리고 있다.

김 전 회장이 지난 5년 7개월여의 기간 동안 머물러 왔던 나라는 프랑스, 베트남 외에도 독일, 수단 등이 포함된다. 그리고 가는 곳마다 그는 국빈에 준하는 대우를 받아왔다. 특히 베트남에서의 대우는 정부고위인 사에 준하는 것이었던 것으로 전해진다.

그가 머물고 있던 하노이의 호텔은 그를 위한 경호가 이뤄지고 있었고, 장기임대 형식이었지만 사실상 그의 개인 집무실에 다름 아니었다고 한다. 또 하노이 대우호텔 옆 용지에서 추진 중인 65층 주상 복합건물 건설과 관련해 김 전 회장의 3남 선용 씨, 측근 김주성 킴코 회장, 프랑스 로르그룹 등이 김 전 회장의 못다 핀 꿈을 이어가고 있다는 분석도 나오고 있다. 대우그룹이 '잘나가던' 당시 베트남 총괄역을 맡았던 김주성 회장은 현지에서 컨설팅 업체를 운영하며 김 전 회장을 측면 지원해 왔다는 것이 이러한 분석을 가능케 하는 이유가 되고 있다.

결국 김 전 회장은 도망자 신세였음에도 불구하고 '세계는 넓고 할 일은 많다'는 그의 말을 실천으로 보여온 셈이다. 대우그룹이 해체된 당시 재정경제부 장관을 지냈던 강봉균 의원도 최근 김 전 회장의 귀국과 관련 인터뷰를 통해 '비록 실패한 경영인이지만 어려운 시기 한국을 세계에 알렸던 공은 인정해야 한다. 문제도 많았지만 업적도 많았다. 공과과가 모두 동등하게 평가되기를 바란다'고 말하기도 했다.

그러나 이러한 분석에 대한 이견도 존재한다. 최근 주 베트남 한국대사관의 관계자는 '김 전 회장이 베트남에서 영향력이 있는 것은 사실이다. 그러나 김 전 회장을 도와준 베트남 고위 관계자는 모두 퇴진한 상태'라며 '베트남 정부와의 각종 사업을 통한 경영자로서의 재기 가능성은 그렇게 높지 않다고 본다'고 말했다.

김우중과 악연을 맺은 사람들

1999년 7월19일 월요일 오전 10시, 계속되던 장마의 멈추었다. 주말 내내 내리던 비는 잠시 그쳤지만 후덥지근한 날씨는 계속되고 있었다.

한 주가 시작되는 그날 기자회견이 있다는 통보를 받은 수십 명의 기자들과 대우그룹 관계자들이 하나 둘씩 기자실로 모여들었다. 내용은 이미 대충 전해진 후였다. 그래서인지 기자실에는 긴장감마저 감돌았다.

이들 앞에 나타난 건 대우그룹 장병주 사장과 정주호 본부장이었다. 그들의 손에는 A4용지 몇 장이 들려 있었다. 제목은 '대우그룹 구조조정 가속화 및 구체적 실천방안'이었다. 이 종이에 담겨 있던 대우그룹 정상화 계획의 골자는 '대우그룹과 김우중 회장이 10조 원에 달하는 자산을 담보로 내놓고 대우그룹을 정상화하는 데 최선을 다한다'는 것이었다. 기자회견이 진행되자 기자실은 이내 아수라장으로 변했다. 생각했던 것보다 대우그룹의 사정은 어려웠다.

장 사장과 정 본부장이 발표한 대우그룹의 '유동성 확보방안'에는 김우중 대우그룹 회장의 목소리도 포함되어 있었다. '결자해지의 심정으로 계열기업의 구조조정을 조기에 완결하고 자동차 부문의 정상화에 전념하겠다'는 것이었다. 그가 내놓은 10조 원대의 담보는 김 회장과 계열사의 보유 주식, 부동산 등이었다.

정확한 금액은 대우 측 집계로 10조 1천3백45억 원에 달했다. 그리고 '향후 대우를 자동차와 (주)대우 중심의 전문그룹으로 재편하고 계열사들의 계열분리와 독립 법인화하겠다'는 내용이 핵심을 이루고 있었다.

정부와 채권단이 새 재무구조 개선약정을 맺고 신규자금 4조 원을 지원하며 대우의 초단기 CP의 만기를 6개월 연장해준다는 조건도 처음 공개됐다. 이날 대우와 김 회장이 내놓은 담보는 다음과 같았다.

* 대우차 지분 93.4% 등 계열사 보유주식 10억8천만 주(7조 4천7백62억 원 상당)

* 계열사 보유부동산 1백88만 3천 평(1조3천5백78억 원 상당)

* 교보생명 지분 11%(1백50만 주)를 비롯한 김 회장 보유주식 5천1백

42만 2천 주(1조 2천5백53억 원 상당)

　* 거제도 임야 등 김 회장 보유 부동산 12만9천 평(4백52억 원 상당)

　겉으로 드러난 것만 보면 모든 것이 순조로워 보였다. 표면적으로는 김 회장이 사재를 털어 기업정상화에 매진한다는 강한 의지를 보인 것이었고, 이것을 정부와 시장이 긍정적으로 평가하고 있는 것처럼 보이기에 충분했다. 대우그룹의 해체, 그리고 김 회장의 오랜 도피 같은 것은 상상도 할 수 없는 분위기였다.

　그러나 대우그룹의 처리를 담당하고 있던 정부와 금융감독원원회의 분위기는 사뭇 달랐다. 대우 측의 발표가 나간 이후 금융감독위원회는 즉각 '대우 발표에 즈음하여'라는 보도 자료를 배포해 정부의 입장을 전했다. 금감원 기자회견장 단상에 오른 김상훈 부원장은 '채권단이 경영권 포기각서를 받는다. 구조조정이 성공하든 못하든 6개월 안에 김 회장이 물러나게 된다'고 못을 박았다.

　이헌재 위원장도 여기에 쐐기를 박았다. 그는 기자들과 만난 자리에서 '대우가 시한폭탄이라면 이미 뇌관은 제거됐다'고 전했다. 대우의 김 회장과 DJ 정부의 경제팀은 서로 다른 꿈을 꾸고 있었던 것이다.

　대우그룹에 신규자금이 지원됐고 초단기 CP 6조 원의 만기도 연장됐지만, 이미 대우는 살아날 가망이 거의 없는 가사상태에 빠진 뒤였다. 한 달 뒤인 8월 26일 대우그룹은 통째로 워크아웃(기업 개선작업)에 들어가고 말았다. 30년 '세계경영'의 종말이었다.

그리고 3개월 뒤인 1999년 11월 1일, 이미 유랑생활을 시작한 김우중 회장은 '임직원과 가족 여러분께 드리는 글'을 통해 퇴진을 선언한다. 다음은 고별사 내용의 일부이다.

'존경하는 대우가족 여러분. 비록 제가 떠나더라도 대우만큼은 우리 경제를 위한 값진 재산이 되어야 합니다. 대우는 여러분의 보람과 긍지가 담긴 소중한 직장입니다. 제가 기억 속에 묻히는 이 순간을 계기로 대우와 임직원 여러분이 과거로부터 자유로워지고 이제 새로운 기업환경이 여러분의 앞날을 보장해주게 되기를 간절한 마음으로 기대하겠습니다. 새로 선임될 유능한 경영진들과 힘을 합쳐 대우를 희망찬 회사로 재탄생시켜 주시기를 간곡히 부탁드립니다. 대우와 모든 대우가족의 앞날에 무궁한 영광이 함께 하기를 기원합니다.'

대우그룹과 당시 정부의 관계는 출발부터 껄끄러웠다. 지난 2002년 〈한국경제신문〉이 발간한 '대우패망비사'에는 다음과 같은 에피소드도 소개되어 있다.

'대우그룹이 해체되기 1년 전인 1998년 12월, 정상회담을 위해 베트남을 방문한 김대중 대통령 내외와 김 회장은 하노이대우호텔 스위트룸에서 아침을 함께 들었다. 이 자리에서 김 회장은 〈무역금융 지원이 안 되고 있습니다. 6조 5천억 원 정도 됩니다. 도와주십시오〉라며 지원을 요청했다. 당시는 노무라 증권이 '대우그룹에 비상벨이 울린다'며 불난 집에 부채질을 하던 중이었다. 대통령은 〈강봉균 경제수석에게 말해보겠다〉고만 대답했다. 물론 대통령은 강 수석에게 대우의 요청사항을 전했다. 그러나 그것으로 그만이었다. 강 수석은 대우 측의 요구를 깨끗이 거절했다. 〈은행들도 어렵다〉는 것이 강 수석의 설명이었다고 익명을 요구한 대우 측 인사는 회고했다. 〈김우중 회장은 산업화 시대의 인물일 뿐이다〉 국민의 정부에서 청와대 경제수석과 재정경제부 장관을 지낸 강봉균 의원은 김 회장을 이렇게 한마디로 평했다. 강 전 장관은 그러나 대우 해체 각본설에 대해서는 〈그건 몰라서 하는 얘기다. 대우 사람들은 정치적 시각에서 보는 것 같다. 시장 신뢰가 떨어진 기업이다. 각본이란 있을 수 없다〉고 밝힌 바 있다.'

대우그룹이 해체됐던 김대중 정부 당시, 대우사태 처리에 관여했던 정부 고위관료는 강봉균 재경부장관, 이헌재 금감위원장, 이기호 청와대 경제수석, 그리고 채권단에서는 이근영 산업은행 총재였다.

대우그룹의 전 관계자들은 한때 '세계경영의 전도사'로 불리던 김 전 회장을 '낭인'으로 만든 그들을 '대우그룹 오적'으로 불러왔다. 그들은 의도했던 아니던 김 회장과 세상에 둘도 없는 악연을 맺은 사람들이 된 것이다.

김 전 회장도 수년 전 미국 경제주간지 '포천'을 통해 '김대중 대통령이 직접 전화를 걸어 나가라고 했다. 그러면 자동차만은 경영할 수 있게 해주겠다고 약속했다'며 당시 정부에 대해 불편한 심경을 드러낸 바 있다.

김 전 회장과 친분이 있는 한 인사는 지난 4월 'DJ가 살아 있는 동안 김 전 회장의 귀국은 어렵지 않겠나. 그리고 당시 정부의 주요 인사들이 여전히 현 정부의 권력을 장악하고 있는데 귀국은 쉽지 않다. 김 전 회장은 DJ가 죽인 것이다'는 입장을 전한 바 있다.

DJ와 김 전 회장은 원래 관계가 좋았다. 두 사람이 인연을 맺은 것은 80년대 초였다. 김 전 회장이 1980년 '서울의 봄' 때 유명세를 탔던 DJ를 유심히 지켜봤다는 말도 있고, 김 전 회장이 전두환 정권 시절에 재야 인사였던 DJ를 먼저 불러 만났다는 주장도 있다. 김 전 회장이 DJ를 지원한다는 사실은 94년 이후 꾸준히 나왔다.

DJ가 대통령에 당선된 이후 김 전 회장은 경제 부총리 물망에 오르기도 했다. DJ가 경제 경험을 두루 갖춘 인물을 물색한다는 말이 떠돌면서였다. 게다가 IMF 당시 전경련 회장이었던 김 전 회장이 제기한 '5백 억 달러 무역흑자론'은 사면초가에 빠진 새내기 정권인 DJ 정부를 구해놓는 결정적인 원인이 됐다. 두 사람의 관계가 좋을 수밖에 없었던 것이다. 그러나 이러한 두 사람의 '좋은 관계'는 그리 오래가지 못했다.

대우 몰락 과정에서 생긴 악연 중 최고는 역시 '김우중—이헌재' 관계가 아닐 수 없다. 한때는 동료이자 동지였던 두 사람의 인연은 결국 대우그룹 해체를 겪으며 '둘도 없는 원수'로 변했다.

두 사람의 인연은 1982년으로 거슬러 올라간다. 당시 두 사람의 관계는 그룹 총수와 그를 보좌하는 비서실 상무였다. 재무부 사무관으로 출발해 10년 만에 부이사관(재정금융심의관)에 오를 만큼 고속승진을 거듭하다 '낙마' 한 이헌재를 거둬준 사람이 바로 김 회장이었다. 게다가 김 전 회장(52회)은 이 전 장관(58회)의 경기고 6년 선배였다.

한솥밥을 먹던 두 사람은 정확히 16년이 흐른 1998년 전경련 회장과 금융감독위원장으로 다시 만나게 된다. 한 사람은 재계 대표이자 부실기업주였고, 또 한 사람은 정권이 바뀌면서 장관으로 등극, 기업의 구조조정을 지휘하는 위치에 올라 있었다. 1999년 7월, 이 위원장은 16년 만에 다시 만난 '한때 상관' 의 재산과 직함을 내놓게 하는 악역을 맡는다.

1999년 늦여름 대우사태를 처리할 당시 주도적인 역할을 했던 정부 고위관료에는 강봉균 재정경제부 장관, 이기호 전 청와대 경제수석, 채권단에서는 이근영 산업은행 총재 등이 있었다.

강 장관은 1998년 이후 김 전 회장의 수차례에 걸친 무역금융지원을 묵살해 수출을 주력으로 삼고 있던 대우그룹의 해체를 가속화시켰다는 대우 측의 비판을 받아왔다. 이와 관련 김 전 회장은 언젠가 본인의 회고에서 '수출지원 금융을 정부가 적극적으로 지원해나가는 것이 필요하다' 고 말문을 열자 '세상이 바뀌었는데 정부가 이래라 저래라 할 수 있겠느냐' 며 딴전을 피웠다. 그래서 '강 수석, 당신 뭣하러 그 자리에 앉아 있나' 라며 호통을 쳤다고 밝힌 바 있다.

당시 청와대 경제수석을 맡고 있던 이기호 수석은 12개 대우그룹 계열사로부터 워크아웃 신청서를 받아낸 주인공이었다. 당시 이 수석은 '너희들(대우그룹) 다 죽는다. 만약 법정관리에 들어가면 험한 꼴을 볼 것'이라 협박(?)하며 워크아웃 신청서 제출을 종용한 것으로 알려져 있다. 이 신청서 한 통으로 대우그룹의 '세계경영 30년'은 막을 내리게 됐다.

이근영 당시 산업은행 총재는 당시 대우그룹 해체를 주도한 채권단의 대표였다. 게다가 한때는 '김 전 회장의 출국을 권유한 장본인'이라는 의혹도 받았었다. 김 전 회장의 측근들은 '대우그룹 해체가 진행되던 1999년 여름 동안 정부고위 관료와 채권단 관계자들로부터 외유권유를 여러 차례 받았다'고 밝히고 있다. 그러나 그는 이러한 사실을 전면 부인하고 있다.

대우그룹이 해체된 지 5년여가 지났다. 대우그룹·김 전 회장과 악연을 맺었던 사람들은 어떤 모습일까. 2003년 3월 금감위원장을 물러난 이근영 전 위원장은 최근까지도 한화그룹의 대한생명 인수로비 의혹, 카드대란 등과 관련 사법당국의 조사를 받고 있다.

게다가 지난 2003년에는 현대그룹의 대북송금 사건에 관계된 사실이 밝혀져 실형까지 살았다. '피를 묻힐 수밖에 없다'는 자신의 말처럼 된 것이다. 지난해 초 사면된 그는 현재 법무법인 세종의 고문으로 일하고 있다. 2003년 초를 뜨겁게 달궜던 '대북송금 특검'의 불똥은 이 전 수석에게도 튀었다. 2003년 9월 징역 3년에 집행유예 4년을 선고받은 그는 지난해 5월, 사면 복권됐다.

김 전 회장과 최고의 악연을 맺었던 이헌재 당시 금감위원장은 올해 초 부동산 투기 의혹이 불거지면서 경제부총리에서 낙마했다. 초대 금감위원장과 두 차례에 걸쳐 경제부총리를 지낸 화려했던 공직생활의 끝은 그리 좋지 못했다.

당시 재정경제부 장관이었던 강봉균 전 장관은 한국개발연구원(KDI) 원장을 거쳐 2003년 11월 국회의원 재보궐 선거에 출마, 당선되며 정치인으로 변신했다. 현재 국회 예선결산위원장을 맡고 있다.

당시 관계자들은 김 전 회장의 귀국에 대해 어떤 생각을 가지고 있을까. 당시 재경부 장관이었던 강 의원은 김 전 회장의 귀국 며칠 전 〈일요신문〉과의 전화통화에서 이렇게 말했다.

"귀국한다니 다행스러운 일이다. 본인이 들어와서 조사를 받아 공과를 평가받아야 한다. 당시 정부가 대우그룹 해체에 나선 것에 대해서는 전혀 후회가 없다. 당연하고 순리를 따른 조치였다. 국민들과 언론이 대우그룹 해체에 대해 여전히 의혹을 가지고 있는 것은 당시 상황을 정확히 모르기 때문이다. 최근 나오는 사면설도 모두 내용을 잘 몰라서 하는 소리다. 만약 다시 그런 일이 발생한다면 똑같은 방식으로 처리하겠다."

김 전 회장을 사면시켜야 한다는 주장은 그가 자취를 감춘 뒤부터 끊임없이 흘러나왔다. 특히 지난 2002년 대선을 전후한 시기에는 구체적인 사면계획도 정치권을 중심으로 오르내릴 정도였다. 최근까지 여당 내 친노 직계그룹이 '경제 활성화, 투명사회 협약 체결' 등을 위한 하나의 디딤돌로 김 전 회장에 대한 사면 문제를 구체적으로 거론해온 것도 사실이다.

특히 지난 4월 2일 열린우리당 당의장에 선출된 문희상 열린우리당 의장은 당대회 출마선언 직후인 2월 20일 〈일요신문〉과의 단독인터뷰에서 '해방 60주년이 되는 오는 8월15일이 정·재계 인사들의 대사면·복권 시기로 적당하다'며 '김우중 전 대우그룹 회장의 사면·복권 여부도 포함돼야 한다'고 밝혀 반향을 일으킨 바 있다.

노무현 대통령과 대우그룹의 오랜 인연도 사면 가능성을 높게 만든다. 대우그룹이 해체된 지 2년 후인 2001년 8월, 해양수산부 장관에서 물러나 새천년 민주당 상임고문으로 대통령 선거 출마를 준비 중이던 노 대통령은 대우자동차 측의 광고모델 섭외에 전격 응하며 대우에 대한 애정을 과시한 바 있다.

'표류하던' 대우자동차를 돕기 위해 회사 광고에 무료로 출연, 첫 번째 정치인 자동차 광고 모델로 기록된 것이다. 그는 이를 계기로 대우자동차 명예 판촉 이사직을 맡기도 했다(〈일요신문〉 2005년 6월 26일 제684호 참조).

김 전 회장의 귀국과 함께 그의 사면을 주장하는 목소리는 '대우가족'

내부에서도 본격화되고 있다. 우선 대우그룹에 근무한 경험이 있는 386 운동권 출신들의 모임인 '세계경영포럼'은 김 전 회장의 귀국을 예상하기라도 한 듯 몇 달 전부터 본격적인 활동을 시작했다. 각종 포럼과 토론회를 개최하고 있고 김 전 회장의 수사에 깊숙이 관여하고 있는 것으로 전해진다.

그러나 김 전 회장 측근들은 정치권에서 불고 있는 김 전 회장 '사면설'이 아직은 구체적인 방향을 못 잡고 있다고 보고 있다. 이에 대해 대우그룹에서 이사를 지낸 백기승 씨는 김 전 회장의 귀국 전인 지난 4월 '정치인들이 아무런 계획도 없이 사면설을 흘리고 있다. 정서적인 사면에 대한 공감은 있다고 보지만 실제로 그러한 노력을 하지는 않는다고 본다'고 불만을 표시하면서 '정치인들의 의지와 무관하게 현실적으로 불가능한 것 아닌가. 말로만 떠도는 사면설에 어떠한 기대도 하지 않는다'는 입장을 보인 바 있다.

그는 또 '정치인들이 해결할 문제가 아니지 않나. 통치자의 의지가 있어야 하는데 정치권력이 변화되지 않은 상황에서 가능하지 않을 것이다'며 '김 회장의 사면 문제에 대해 대우에 관계됐던 우리가 언급할 것은 없다. 분명한 것은 정치인 한두 명이 거론한다고 해서 해결되는 것이 아니라는 점이다'는 입장을 전하기도 했다. 현재 그는 김 전 회장의 수사를 돕기 위한 사무실을 열고 김 전 회장의 대변인 역할을 수행하고 있다.

그동안의 취재 과정에서 만난 김 전 회장의 측근 인사들은 대부분 '김 전 회장이 사법처리를 받더라도 귀국할 의사가 있다'고 밝혀 왔었다. 그리고 그 시기가 멀지 않음을 인정했다. 지난 4~5월 사이의 일이다.

또 '귀국을 위한 준비를 지난 5년여 동안 수차례에 걸쳐 진행했음'도 인정했었다. 그러나 '이런저런 여건이 허락하지 않아 귀국을 못하고 있다'는 입장을 동시에 전해왔다. 한 측근 인사는 '지금 귀국을 해서 할 수 있는 일이 무엇인가. 귀국을 해서 사법처리를 당하는 한이 있더라도 명예회복은 할 수 있는 분위기가 되어야 하는데 가능하겠나'라며 '우리가 들어가고 싶다고 해서 들어갈 수 있는 상황이 아니다'는 입장을 전하기도 했다.

그러나 그들의 말과는 달리 김 전 회장의 귀국은 아주 전격적인 방식으로 이뤄졌다. '설마' 했던 일이 1~2주 사이에 순식간에 진행됐다. 불과 한두 달 사이에 김 전 회장 쪽에서 어떤 일이 벌어진 것일까. 이러한 궁금증은 김 전 회장의 귀국 이후 대우그룹의 고위직을 지낸 한 인사의 '편한 마음으로 들어왔겠나'라는 한숨 섞인 말 속에 더욱 궁금증을 더한다.

에피소드—대검에 날아든 김우중 전 회장 관련 제보

2005년 3월 30일 오전, 대검찰청 민원실에 한 통의 제보전화가 걸려 왔다. 전화를 해온 사람은 경기도 광명시에 살고 있는 택시기사 박 모

씨. 제보 내용은 '대우그룹 김우중 전 회장의 거처를 알고 있다'는 것이었다.

제보가 들어온 이후 대검찰청은 발칵 뒤집어졌다. 물론 이런 식의 출처가 불분명한 제보는 김 전 회장이 한국을 떠난 이후 수도 없이 들어왔다. '아직 한국에 있다'는 제보나 '죽었다'는 신상에 관련된 전화부터 '나에게 활동비를 주면 김 전 회장을 잡아오겠다'는 어처구니없는 전화도 많았다고 검찰 관계자가 말할 정도였다.

그러나 이번 제보는 조금 달랐다. 특히 김 전 회장의 사면설부터 귀국설이 모락모락 피어나던 때에 걸려온 상당히 신빙성이 있는 제보는 당시 김 전 회장의 소재도 파악하지 못하고 있어 내외의 비난에 시달리던 검찰로서는 '혹시나' 하는 기대를 갖도록 하기에 충분했다.

제보의 내용은 이랬다.

당일인 30일 오전 10시경 택시기사 박 모씨는 강남구 삼성동 코엑스몰에서 70대 전후로 보이는 중후한 모습의 노인 한 명을 손님으로 태웠다. 행선지는 명동에 위치한 조선호텔이었다. 이 손님은 택시에 탄 이후 어딘가로 전화를 했고, 점심 약속을 확인하기 위한 대화를 나눴다. 그런데 대화를 나누는 속에서 이 노인은 본인을 '대우그룹 이 회장'이라고 설명하면서 상대방을 변호사라고 호칭했다.

대화를 하는 도중 상대방으로부터 김우중 회장과 관련된 부분이 튀어나왔고 이 노인은 '전화로 말씀드리기는 좀 뭣하지만 현재 베트남 모 호텔 1**5호에 장기 투숙 중이다. 다른 나라에서 특별한 일이 없으면 베트남으로 돌아와서 이 호텔에 머물고 계신다'고 말했다. 박 씨는 '이 손님의 인상착의나 말투, 대화 내용을 또렷이 기억하고 있다'고 말하며 대검찰청 민원실에 한 것이다.

〈일요신문〉은 이 제보를 접한 즉시 박 씨와의 전화통화를 시도했다. 그는 자신의 제보내용을 전하면서 '내가 분명히 들었다. 지금 그 사람을 다시 봐도 알 수 있다. 나라 경제를 어렵게 만든 사람을 잡는데 조금이라도 도움이 될까 해서 제보를 하게 됐다'는 입장을 밝혔다. 나중에 밝혀진 사실이지만 박 씨가 자신의 차에 태웠던 백발노인은 대우그룹의 전 고위관계자 이 모씨였다.

제보 사실이 알려진 이후 취재를 통해 김 전 회장이 실제로 베트남과 태국의 방콕 등을 오가는 생활을 하고 있는 것도 확인됐다. 그는 주로 태국에서 가족들과 지인들을 만나고 베트남에서는 베트남 정부의 사업과 관련된 일을 하고 있었다. 이 제보내용에 대해 김 전 회장과 연락이 닿는 것으로 확인된 대우의 전 고위관계자는 '나도 그렇게 알고 있다'고 말해 사실을 확인했다.

한상진 성균관대 사학과를 졸업하고, 연세대 대학원에서 경제학 박사 학위를 취득했다. 경남대학교 극동문제연구소 연구원을 역임했으며, 현재 일요신문 정치부 기자로 활동하고 있다.

03

아직도 끝나지 않은
김우중의 세계경영

01

김우중의 경영을 통해
우리가 물려받은 유산들 _ 조동성

국제경영 분야에서 김우중 회장의 경영 모델은 귀중한 연구사례다. 김 회장이 대우실업을 창립한 1967년에는 우리나라는 물론이고 세계적으로도 국제화, 세계화라는 단어가 흔하지 않았다. 세계화가 본격적인 사회적, 경제적 이슈로 등장한 것은 미국에서는 1980년대였다.

당시 경쟁력을 현저하게 상실하여 미국시장에서 일본기업에게 주도권을 뺏긴 미국기업들은 해외시장으로 눈을 돌리지 않을 수 없었고, 그때부터 국제화가 보편적인 이슈가 되었다.

한국에서는 그보다 10년 늦은 1990년대 중반 김영삼 대통령이 세계화란 단어를 처음 쓰면서 세간의 이목을 끌기 시작하였다. 그런데 김 회장은 미국 기업보다 최소한 10년 전, 한국보다는 무려 20여 년 전에 국제화와 세계화를 전제로 한 사업을 벌인 것이다.

국제경영학의 중심이론은 다국적 기업이 해외 직접투자에서 성공하는 원인을 어디서 찾을 수 있는지에 초점이 맞춰져 있다. 이 주제에 대해서 서양학자들이 만든 전통적인 이론은 기업이 자금력, 기술력, 규모의 경제, 브랜드 같은 내부적인 독점 능력을 갖고 있어야 해외에 나가 현지의 어려운 상황과 현지 정부의 규제를 극복해낸다는 것이다. 이는 다분히 선진국의 논리로서, 독점적 능력이 없는 나라의 기업은 해외 진출을 하지 말라는 얘기나 다름없다.

그러면 후진국은 영원히 선진국의 다국적기업을 종속적으로 받아들이기만 해야 하는가? 만일 이러한 논리가 옳다면 후진국 기업은 선진국 기업들과 해외시장에서 경쟁을 할 수도 없고, 해서도 안 된다는 논리가 나온다. 또 후진국은 영원한 후진국일 수밖에 없다는 숙명론을 받아들릴 수밖에 없다.

그러나 19세기 초반만 해도 선진국 대열에 끼지 못했던 네덜란드, 덴마크, 스웨덴 등이 필립스, 레고, 볼보 등의 국제적인 대기업들을 내세워 20세기 후반에 이르러 모두 선진국이 되었고, 1945년까지만 해도 전통적 농업국이었던 핀란드에서 고무장화를 만들던 노키아는 오늘날 세계 최고의 경쟁력을 가진 세계기업으로 자리매김하고 있다.

우리 한국도 이미 후진국과 개도국 수준은 벗어났고, 중진국에서 선진국을 향하여 나아가야 한다. 따라서 서양학자들이 내세우는 전통적인 국제경영 이론을 무비판적으로 받아드릴 것이 아니라, 이를 대체하는 새로운 이론을 만들어 아직 선진국에 이르지 못했더라도 해외에 진출해서 성공할 수 있는 논리를 이론으로 정립해야 한다. 또한 이를 근거로 해서 우리 기업이 해외로 나아갈 수 있는 전략을 개발해야 한다.

이러한 인식하에 필자는 1990년대 중반 새로운 국제경영 이론을 만들기 위한 첫 시도로서 김우중 회장이 주도한 대우자동차의 사업 모델을 분석해보았다. 이를 위하여 우선 전통적인 국제경영이론에서 내세우는 원인과 결과를 뒤집어보았다.

즉, 독점적 우위라는 원인이 있어야 해외 투자에서 성공하는 결과를 가져오는 것이 아니라, 해외 투자라는 원인에서 독점적 우위라는 결과가 생긴다고 전통 이론의 원인과 결과를 뒤집어본 것이었다.

그다음에는 이 모델을 전제로 해서 대우자동차 사례를 분석해보았다. 김우중 회장은 1990년대 초반부터 '세계는 넓고 할 일은 많다'는 모토하에 '기술대우'와 '세계경영'을 내세우고는, 1년에 260일 이상을 해외에서 활동하면서 주로 후진국과 개도국, 특히 1990년대 이후 국제무대에 새롭게 등장한 폴란드, 체크, 로마니아, 우즈베키스탄 등에서 주로 국가기관과의 협력을 통해서 사업 기회를 만들었다.

그는 특히 자동차 산업에 주력하여 공장과 디자인연구소를 중심으로 표1에서 보는 바와 같이 폴란드, 로마니아, 인도, 우즈베키스탄, 인도네시아, 베트남, 필리핀, 우크라이나, 독일, 영국 등 무려 열 개가 넘는 외국에서 동시 다발적으로 투자를 했다.

대우자동차의 국제 활동 네트워크 (목표년도: 2000)

국가	자동차 생산능력(대)	연구 및 디자인시설
한국	1,000,000	2 (부평, 용인)
Poland (FSO, Centrum)	500,000	
Romania (Rodae)	200,000	
India (DMI)	200,000	
Uzbekistan	200,000	
Indonesia	30,000	
Vietnam (Vidamco)	20,000	
The Philippines	10,000	
Ukraine (Avto ZAZ)	100,000	
Germany		1 (Munich)
England		1 (Worthing)
기타	300,000	
합계	2,500,000 대 이상	

대우자동차가 이렇게 해외 투자를 하니 그 전에는 거들떠보지도 않던 델파이, 델코, 구드리치 등 세계적인 부품회사, 타이어 회사들이 갑

자기 대우에 '러브콜'을 보내기 시작했다. 또 해외 생산기지가 만들어지니 시장도 그만큼 생겨나고 언론·소비자에 알려지면서 브랜드 가치가 올라갔다. 해외투자를 하지 않으면 형성되지 않았을 능력이 생겨난 것이었다.

물론 단위공장 하나하나는 국제경쟁력 면에서 열위에 있는 상태였다. 하지만 이들을 모아놓으니 단위 공장으로는 가질 수 없었던 생산규모의 경제성과 구매력을 비롯해서 연구개발과 디자인 등의 비용을 공통으로 부담함으로써 단위공장의 부담이 줄어들었던 것이다.

또한 세계 여러 시장에서 입수되는 정보를 모아놓은 결과 한국 내에서는 파악할 수 없었던 고객 정보와 경쟁사의 동향을 알 수 있게 되었고, 대우자동차의 적극적인 시장개척과 생산기지 투자는 세계 유수의 언론을 통해서 세계 각국으로 전파되어 대우의 브랜드를 저절로 높이는 결과를 가져온 것이다.

그리고 세계 각국에서 벌여놓은 사업을 진행하기 위하여 수많은 젊은 이가 해외에서 짧게는 2~3일, 2~3주에서, 길게는 3~10년을 주재하면서 현장경험을 쌓은 것도 눈에 안 보이는 국력의 증강이라고 할 수 있을 것이다.

다만 이러한 성과가 매출액과 이익으로 실현되기 전에 대우그룹이 무너지면서 대우자동차도 함께 시장에서 매물로 나오는 비운을 맞이하였고, 이 과정에서 대우자동차의 잠재력이 상당부분 멸실되는 피해를 가져온 것이다.

이같이 김우중 회장이 추구한 대우자동차의 국제화 전략은 결과적으로 실패했다. 그러나 그 내용을 들여다보면 국제화해서 실패한 게 아니라, 대우그룹에서 이루어진 자금조달의 효율성과 투명성 면에서 문제를 들어냈던 것으로 보아야 한다.

국제경영학자로서 애석하게 여기는 것은 필자가 만든 국제경영의 가설이 되는 모델을 규명하고 실제결과로 나타난 자료를 가지고 통계적 타당성을 검증하기도 전에 대우그룹이 해체된 것이다.

만일 대우자동차가 10년, 아니 5년만 더 김우중 회장이 추구한 방식대로 국제경영활동을 할 수 있었다면 선진국 중심의 이론을 대체하여 후진국과 개도국 경영자, 기업들에게 선진화와 경쟁력 강화라는 가능성에 대한 희망을 줄 수 있는 이론을 만들어낼 수 있었을 것이라는 아쉬움이 남는다.

조동성 경기고등학교와 서울대학교 경영학과를 졸업했다. 한국경영학회장, 산업자원부 산하 산업정책연구원 이사장을 역임했으며, 현재 서울대학교 교수로 재직 중이다.

02

반드시 살려야 하는 김우중의
'세계경영' 마인드 _길인수

반드시 살려야 하는 대우정신

"대우는 죽었어도 대우의 정신은 살아야 합니다."

김우중 전 대우그룹 회장은 도올 김용옥 교수와의 인터뷰(문화일보, 2002년 12월 27일)에서 '대우'라는 기업은 사라졌지만 '대우'가 추구한 기업정신만은 반드시 살려야 한다고 말했다. 김 전 회장이 살려야 한다는 대우의 정신은 대우창업 이후 30여 년 동안 소명처럼 추구해온 '창조, 도전, 희생'이라는 대우의 기업정신이다.

'창조, 도전, 희생'이라는 대우 정신은 1970~1980년대 한국경제의 시대정신 그 자체였다. 아프리카나 동남아 밀림의 오지, 불면의 열대야 속에서 독충들과 싸워야 했던 해외 15만 명을 포함한 25만 대우인의 신념이었다.

처음부터 관심은 세계 시장이었다는 김 전 회장은, 1967년 31세의 젊은 나이에 대우실업을 창업할 때부터 해외로 눈을 돌렸다. 당시만 해도 국내 기업들은 해외시장에 눈을 돌리지 않고 있을 때였다. 김 전 회장에게는 그것이 오히려 다행이었다. 국내 시장은 한계가 있었지만 세계 시장은 한없이 넓었기 때문이다. 그때부터 김 전 회장은 세계를 국경 없이 넘나들었다.

대우는 처음 사업을 벌일 때부터 해외로 눈을 돌렸다. 대우가 창업할 당시는 수출하면 오히려 밑진다는 부정적 사고방식이 일반화되어 있던 시절이었다. 그렇기 때문에 우리보다 앞섰던 몇몇 기업들은 해외로부터 수입만 하고 있었지, 수출을 해서 해외 시장을 개척할 생각도 하지 않고 있었다. 그런 상황 속에서 우리는 과감하게 해외 시장의 개척에 착수했다.

《세계는 넓고 할 일은 많다》중에서

김 전 회장의 해외 시장 개척은 당시 국내 기업들이 대외무역에서 보여 주었던 수동적 수준이 아니라 적극적이고 능동적이었다. 모든 여건이 갖춰진 상황에서 손쉬운 해외 진출을 시도한 것이 아니라, 가장 힘든 여건 아래서 남들이 생각하지 못한 분야에 도전해 목표를 이룬 것이다.

기업의 성장과 발전은 창조적 노력으로 이루어진다는 신념을 가진 김 전 회장은 불확실성 속에서도 시련과 고난을 성장과 발전의 계기로 삼아 해외 시장을 개척하는 도전정신을 발휘한 것이다. 도전정신이란 더 나은 미래를 위해 자기 앞에 주어진 무한한 가능성을 최대로 활용하려는 적극적 사고방식이다. 자신의 꿈을 실현시키기 위해 불가능을 가능으로 여기는 정신이다. 김 전 회장은 바로 이와 같이 아무도 하지 않았던 일을 의욕을 가지고 과감하게 실천해 갔다.

창조적 노력과 도전정신에 힘입어 김 전 회장은 수출전문형 기업으로 출발한 기업답게 국내 기업 가운데 최초로 종합상사제도를 과감히 도입했다. 1990년대 전인미답의 사회주의 동구권 시장에 눈길을 돌린 것도 모두 김 전회장의 이 같은 해외 지향적 사고와 경영 전략에서 비롯됐다.

사실 불투명하고 불확실한 것에 도전할 때에는 항상 위험부담이 따르기 마련이다. 위기일발의 순간을 유발하기도 한다. 위(危)의 위험, 기(機)의 기회라는 양면적 속성을 함께 담고 있는 위기는 소극적인 사람에게는 불행의 신호가 될 수 있지만, 적극적이고 용기 있는 사람에게는 성장과 발전을 위한 변화의 계기가 된다.

따라서 도전정신이 투철한 자는 위험을 피하는 것이 아니라, 그 위험을 받아들이고 즐기는 자세를 갖게 된다. 마치 김 전 회장처럼. 대우의 역사는 이와 같은 김 전 회장의 도전과 개척의 역사 그 자체인 셈이다.

대우의 역사를 돌아보면 수많은 예측불허의 위험부담을 안고서도 누구나 부정적으로 생각하는 일에 용감히 뛰어들어 무에서 유를 창조했다. 대우는 시어즈 로벅 진출, 수단 진출, 동구 사회주의 국가 진출, 베트남 진출 등 모든 여건이 갖춰진 상황에서 손쉽게 들어간 것이 아니었다. 가장 힘든 여건 아래에서, 미처 다른 기업들이 생각하지 못하는 곳만 도전했다. 대우는 미지의 세계에 대한 모험과 도전정신으로 해외시장 개척활동을 펼쳐 왔다.

이처럼 불가능에 도전하고, 미지의 세계에 대한 모험과 개척정신으로 해외 시장을 개척하는 대우의 도전정신은 '세계는 넓고 할 일은 많다' 는 김 전 회장의 '세계경영' 전략으로 구체화됐다. 따라서 해외시장 개척만이 살길이라는 신념과 시간은 아끼되 땀과 노력은 아끼지 않는다는 한결같은 자세로 30여 년 동안 세계 시장을 종횡무진 누빈 그의 기업가적 여정은 여느 창업주들과 차별화될 수밖에 없다.

김우중의 키워드 세계경영

김 전 회장의 어제와 오늘을 규명하는 키워드는 세계경영이다. 김 전 회장이 '21세기 생존 전략' 이라는 이름으로 '세계경영' 을 그룹의 공식 경영전략으로 채택한 것은 1993년이다. 창립 26주년을 맞은 1993년 3

월 22일, 그는 '경영전략의 세계화와 경영활동의 현지화를 통한 세계경제 환경변화에 능동적으로 대처하고 한국경제의 성장한계를 효율적으로 극복하기 위한 새로운 차원의 통합화(Globalization) 전략'이라는 '세계경영'을 그룹의 공식 경영전략으로 대내외에 천명했다.

세계경영을 위한 김 전 회장의 자산은 해외 지향적 사고와 조직, 그리고 부실기업 재건과정에서 획득한 노하우였다. 세계경영의 중심 전략으로는 고도성장으로 확인된 산업 근대화 모델의 해외 이식을 통해 대우 성장의 자양분을 지속적으로 획득하겠다는 것이었다.

창립 26주년을 맞아 김 전 회장이 처음으로 '세계경영'을 주창하자 사람들은 어리둥절했다. 세계화가 무엇인지, 세계경영이 무엇인지 잘 몰랐다. 그러나 4년여가 지나 세계화 물결이 거세지고 위기상황이 피부로 느껴지자 비로소 사람들은 세계화에 눈을 뜨기 시작했다. 정부, 학계, 재계, 언론 할 것 없이 세계화를 연구하고 목소리 높여 외치기 시작했다.

김 전 회장의 '세계경영' 전략은 하루아침에 이루어진 것이 아니었다. 대우실업을 창업한 이후 근 30여 년 동안 지속적으로 진화하고 발전해 온 개념이다. 1977년 수단은 대우의 손으로 건설한 영빈관과 타이어공장을 준공한 날을 '한국의 날'로 정했다. 1996년 우즈베키스탄은 대우 우즈베크공장을 준공한 날을 기념하기 위해 역시 '한국의 날'로 정했다. 이는 대우의 세계경영이 오래전부터 시작돼 왔음을 보여준 증거들이라

할 수 있다.

무역업체 최초 해외지사 설립

사실상 대우는 세계의 변화를 일찍 파악하고, 창업 이후 세계 시장에서 치열한 경쟁을 통해 성장해온 셈이다. 따라서 대우가 세계화에 첫 발을 내딛은 것은 창업 원년인 1967년부터라고 할 수 있다.

김 전 회장이 대우를 창업할 당시의 국내시장은 이미 선발기업들이 내수시장을 굳건히 지배하고 있을 때였다. 500만 원이라는 자본금과 직원 5명에 불과한 후발기업인 대우가 이들과 경쟁해 기업을 유지해나간다는 건 마치 외줄을 타듯이 위험천만한 일이었다.

김 전 회장은 생존 전략적 측면에서 해외시장으로 눈을 돌렸다. 자본재 도입을 공산품 수출과 연결시켜야 한다는 구상을 하게 됐다. 김 전 회장의 세계경영의 시초인 것이다. 김 전 회장은 수출을 위해서는 해외시장에 대한 정확한 정보의 취합과 능동적인 대처가 중요하다고 판단했다. 그래서 생각한 것이 해외 지사 설립이었다.

1969년 8월 시드니 지사가 설치된 데 이어 9월에는 싱가포르 지사가 문을 열었다. 한국은행의 해외 지사 설립인증 자료에 따르면 1969년 대우가 설치한 시드니와 싱가포르 지사가 한국 무역업체가 세운 최초의 해외 지사로 기록돼 있다.

김 전 회장은 수출시장에 무한한 가능성이 있다고 믿었다. 좁은 내수시장의 한계로 수출이 한국경제 발전의 주도적인 역할을 할 것이라는 사실을 조금도 의심하지 않았다. 자원이 부족한 국내 여건상 수출은 국가의 정책목표로 채택돼 수출업체에는 많은 지원과 배려가 계속 베풀어졌다. 당연히 수출중심 사업을 선택한 대우는 상대적으로 무리 없이 승승장구 성장할 수 있었다.

당시 우리나라의 대외 교역량은 1965년 1억 7500만 달러에서 1966년 2억 5000만 달러, 1967년 3억 5000만 달러, 1968년 4억 5500만 달러로 증가하고 있었다. 이 같은 흐름에 힘입어 창업 1년 만에 국내 수출기업 중 서열 141위를 차지한 대우실업은 창업 5년 만인 1972년에 국내 기업 가운데 수출실적 2위를 기록하여 세간을 놀라게 했다. 1973년에 대우기계, 1974년에 대우전자 등을 인수할 정도로 빠른 속도로 사업을 확장해나가고 있었다. 1978년에는 수출실적 1위 자리에 당당히 올라섰다.

취미처럼 일하고 운동 삼아 일한다는 김 전 회장은 세계 시장을 종횡무진 누비고 다녔다. 그는 1년에 200일 이상 해외에 머물며 비행기에서 새우잠을 자고 비서가 넣어주는 안약에 화들짝 놀라 새벽잠을 깨곤 했다.

세계경영을 위해 김 전 회장의 30여 년 동안 총 출장기간은 약 17년, 대우 경영의 절반이 넘는 기간을 세계경영 현장에서 보낸 것이다. 또 총 출장 거리는 954만 243km로 이는 지구를 240바퀴 돈 거리와 같다.

대외 의존도가 60%에 가까운 우리나라는 세계 시장에 적극적으로 진출하지 않으면 도태할 것이 너무도 뻔하다. 이런 이치를 일치감치 깨달은 김 전 회장은 대우의 명운을 세계경영에 걸었던 것이다.

세계경영 추진 배경

김 전 회장이 창립 26주년을 맞은 1993년, '세계경영'을 그룹의 공식 경영 전략으로 추진한 배경에는 크게 두 가지 요인이 있었다. 1990년대 초부터 국제화와 세계화라는 말이 유행하기 시작했다. 대외적으로는 냉전종식과 세계무역기구(WTO) 출범이라는 거대한 변화의 물결이 밀어닥치고 있었다. 다른 한편으로는 이 같은 흐름에 역행하는 유럽연합(EU), 북미자유무역협정(NAFTA), 아세안(ASEAN) 등의 블록경제가 강화되고 있었다.

따라서 우선 세계 경제 질서가 지역경제화로 치닫고 있다는 사실에 주목했다. 유럽, 북미, 남미, 중동, 아프리카, 아시아 할 것 없이 모든 지역이 블록화돼 가고 있어 현지 진출로 블록 장벽을 뛰어넘자는 구상을 하게 됐다. 현지에 산업시설을 갖추면 블록 내에서는 자유로이 상품과 노동력을 이동 시킬 수 있다는 장점을 누릴 수 있다.

세계경영이 가장 주목하는 시장은 유럽이었다. 유럽을 공략하기 위한 전초기지로 폴란드, 루마니아 등 동유럽을 선택했다. 다음에는 중국, 러시아, 아시아, 아프리카 등 이머징 신흥시장을 겨냥했다.

세계 경제의 블록화(Localization) 경향에 대응하기 위해 철저한 경영 현지화를 통해 제품 경쟁력을 확보할 계획이었다. 1995년 WTO 체제의 출범은 지구촌 시장의 울타리를 일거에 철거해버릴 것처럼 보였다. 하지만 당시 세계 경제 질서는 EU, NAFTA, ASEAN 등의 출현으로 오히려 블록화 추세가 점차 강화되고 있었다.

국제화 이후 선진국의 경제 이기주의는 더 분명해졌다. 블록체제가 굳어질 경우, 국내에서 아무리 값싸고 품질이 좋은 상품을 생산해도 팔 수 없는 상황이 온다는 의미였다. 기존처럼 국내에서 생산해 수출하던 방법으로는 한계가 있을 수밖에 없었다.

이를 타파하려면 사업의 해외 현지화를 통해 해당 국가 내에서 생산 뿐만 아니라 판매, 금융, 기술개발, 인력조달 등 모든 경영활동을 영위해 나가야 했다. 조선 등 보호 장벽에 관한 감시가 심한 제품의 경우, 블록 안으로 뛰어들지 않으면 제품을 팔기 어려워졌다.

세계로 나갈 수밖에 없는 또 하나의 요인은 숙명적인 국내 시장의 협소성이다. 우리나라는 시장이 좁기 때문에 개방화와 자유화를 주장해야 하는 운명 속에 있다. 실제로 해외 기업들이 국내 좁은 시장으로 몰려오면 이들과 경쟁을 피할 수 없다.

경쟁하기 위해서는 경제단위 규모의 체력을 갖고 있어야 한다. 만약 국내 시장만을 대상으로 한 기업일 경우, 해외기업들과의 경쟁에서 백

전백패할 수밖에 없다는 것이 당시 김 전 회장의 판단이었다.

이른바 세계 경제의 통합화 경향에 대응하기 위해서는 규모의 경제를 달성해 제품 경쟁력을 확보할 필요성이 있었다. 자동차와 전자 등 제조업의 경우, 치열해지는 글로벌 경쟁 아래에서 다각화된 제품 라인업을 갖추고 안정적으로 신제품을 개발할 필요가 있었다.

여기에 신제품 개발비 증가에 따른 원가 부담을 최소화해 세계 메이저 업체들과 경쟁하려면 규모의 경제를 달성하는 것이 시급했다. 국내 시장도 협소해 내수 수요만으로 이를 달성하는 것은 한계가 있었기 때문이다. 따라서 해외에 생산시설을 갖춰 전체적인 생산량을 늘리고, 현지에서 생산해 현지에서 판매하는 현지화 전략을 통해 신규시장을 개척하는 것이 절박한 과제였다. 대우의 세계경영은 이러한 목적을 달성하기 위한 경영전략이었다.

김 전 회장은 궁극적으로 무국적 또는 초국적 기업을 추구하는 수밖에는 길이 없었다. 이러한 배경에서 대우는 창업 이래 지속적으로 세계 시장 개척에 전념하며 쌓아온 해외 경험과 노하우를 바탕으로 장차 예견되는 미래 국제경제 질서의 변화에 효율적으로 대응하기 위해 경영의 제반 요소를 총체적으로 조합했다. 그렇게 도출된 결론이 21세기를 향한 국가경제의 세계화 및 해외 국부의 창출을 목표로 하는 범세계적 경영 거점 확보 전략인 '세계경영'이었다.

대우의 세계경영은 한마디로 세계가 통합과 분열이라는 모순된 흐름으로 급변하는 시대에 전 지구의 자원화와 전 세계의 단일시장이라는 개념에서 출발한 것이다. 김 전 회장의 세계경영은 세계적 차원에서 전략을 수립하고 경영요소를 조합 및 배합해 전 세계적으로 네트워크화하는 경영전략이었다.

또 규모와 범위의 경제를 실현해 새로운 비즈니스 기회와 새로운 시장을 창출하고 국제경쟁력을 확보, 세계 질서에 주도적으로 앞서가 언제 닥칠지도 모르는 위기상황을 기회로 만들어 가겠다는 전략도 포함되었다. 여기에 세계 각지에 분포된 지역 거점들을 횡적으로 연계시켜 사업영역을 다각화하고 고도화하는 전략이 포함되어 있었다.

신보호주의의 등장으로 '고비용 저효율 구조' 라는 내적 한계를 극복하는 것이 대다수 한국 기업들의 과제로 떠올랐다. 대외개방 체제에 적응하지 않고서는 생존을 기약할 수 없는 상황이었다.

이때 김 전 회장이 세계경영의 구체적인 전술로 채택한 것은 이른바 '트로이의 목마' 였다. 지역별 경제블록 안에 생산기지를 구축해 무역장벽을 극복하고 고비용 생산구조를 혁파하자는 것이 핵심이었다. 본사는 무역장벽을 피할 수 있는 부품 공급기지 역할을 수행하면서 연구개발 및 관리업무에만 치중하는 글로벌 전략의 사령탑 기지를 맡게 하는 식이다. 생산 · 개발 · 마케팅 · 금융 · 인력 등 경영의 제반요소들은 철저하게 현지화를 추구했다.

대우의 내적 역량 또한 지난 20여 년 동안 다져온 수출 노하우와 국가

별 전문 인력, 해외시장에 대한 심층적 네트워크를 통해 충분히 다져진 상태였다. 특히 개발도상국의 인프라 구축에 필수적인 건설 · 중공업 · 통신 · 자동차 · 전자 등을 주축으로 하는 대우그룹의 구조는 해외시장에 진출할 때, 다양한 시너지를 발휘할 것으로 기대됐다.

김 전 회장이 말하는 세계경영은 세계화와 현지화의 개념을 동시에 포함하고 있다. 대우의 깃발로 세계 각 지역에 상륙하되 소속은 현지국가로 하는 공존공생의 원칙에 충실하고자 한다. 세계경영의 무대는 후진 개도국이며 이들 국가에 진출하는 기본 철학에는 호혜협력, 윈-윈 정신을 밑바탕으로 하고 있다.

또 현지국가와 50대 50의 지분정신으로 파트너십을 구축한다. 한국의 개발경험을 이들 국가에 전수, 개발의 주역으로 참여하는 방법이다. 한국기업 전체의 생존과 발전을 위한 과제이자 나아가 한민족 경제의 비전을 제시하는 경제도약 및 국부확대 전략으로 세계경영 의미를 확대하는 것이다.

세계경영 추진 전략과 운영 방안

90년대의 세계 경제 질서는 WTO 체제 아래 글로벌화가 진행되는 동시에 각종 지역 경제블록이 강화되는 추세였다. 세계교역의 자유화와 지역 이기주의가 상충되는 두 개의 흐름이 동시에 존재하고 있었다. 따라서 블록 경제 활용을 위해 대우는 전략적으로 진출지역을 정하였다. 전략거점 국가 육성 차원에서 전 세계를 6개 권역으로 나누어 세계화를 추진했다.

■ 대우가 추진한 전 6개 권역 전략거점 국가

1. 서유럽(EU)의 영국, 프랑스, 독일
2. 동유럽의 폴란드, 헝가리, 루마니아, 체코
3. CIS 지역의 러시아, 우즈베키스탄, 우크라이나
4. 아시아의 중국, 인도, 베트남, 미얀마
5. 아메리카의 미국, 멕시코, 페루, 칠레, 브라질
6. 아프리카의 모로코, 알제리, 리비아, 이집트, 수단, 남아프리카공화국 등

이들 6개 권역 국가들 중 대부분은 당시 체제 전환국 혹은 개발도상국이라는 공통점을 갖고 있다. 또 대체로 인구가 많고 자원한 풍부한 국가들이 주 대상이었다. 이는 해외진출이 서구나 일본보다 늦고 그 노하우의 축적도 낮은 상태에서 한국 기업이 해외진출 성공하기 위해서는 위험부담을 감내하면서 잠재시장을 선점할 필요성이 있다는 판단에서 이루어진 것이었다. 그러므로 이들 국가에서 사업 성패는 그에 따르는 위험의 최소화 방안을 다각도로 강구하는 시간이 필요했다. 또 진출지역

을 어떻게 선별하느냐가 관건이었다.

대우는 진출 국가 선별을 위해 세 가지 기준을 마련했다.

첫째는 그 나라의 역사적 배경, 국민의 근면성과 진취성 정도였다. 둘째는 지정학적 위치로 지역 경제에서 차지하는 중요도를 따졌다. 셋째는 진출 대상 국가의 제도, 즉 자국 생산자 보호를 위한 제도의 유무 등을 분석하고 시장 잠재성과 이윤 가능성, 고도 경제성장 가능성을 검토했다. 이러한 바탕 위에 조직구성, 생산방법, 판매방법, 업종 다양화 등에서 기존 회사들과 차별화를 통해 위험을 분산해 진출하는 것을 원칙으로 삼았다.

대우 세계경영의 특징은 두려움 없이 시장이 있는 곳이라면 달려갔다는 점이다. 동서냉전으로 서슬이 퍼렇던 1970년대 후반부터 1990초까지 대우는 미수교국을 개척하며 뛰었다. 그 결과 양국의 정식국교 수립에 결정적인 역할을 했음은 말할 나위도 없다.

그 나라들은 하나같이 굳게 닫혀 있던 땅이었다. 1977년 수단을 시작으로 1978년 리비아, 1989년 알제리, 1992년 베트남과 중국, 1993년 라오스 등이다. 이들 국가 중에서 리비아와 라오스는 대우와 거래를 시작하고부터 2년 후에 국교를 수립했고, 나머지 국가들은 같은 해 수교했다.

게다가 지구촌 마지막 시장이라고 일컫는 북한에까지 국내 최초로 1995년 진출하는 데 성공했다. 대우는 1995년 말 북경에서 북한의 '조선 삼천리총회사' 측과 약 1천50만 달러에 달하는 남포경공업사업 합영

계약을 50%의 지분으로 체결했다. 그 후 북한당국에 합영회사 설립을 등록하고 1996년 3월 영업개시 승인을 받아냈다.

대우의 남포 경공업 합영회사의 명칭은 '민족산업총회사'이며 총사장은 삼천리총회사 측이, 부총사장은 대우 측이 맡았다. 이사회는 대우 측이 3명, 삼천리 측이 3명이었다. 대우의 북한 진출은 단기적 이익만을 목표하지는 않았다.

물론 북한이 지구촌 마지막 시장이라는 상징성이나 선점 효과라는 실리도 있었으나 민족화해를 바탕으로 한반도와 중국 동북 3성, 연해주를 잇는 한국 주도의 인구 3억 명의 안정적 공동 경제권을 구축하는 첫 걸음이 되기 때문이었다. 이는 블록화 경제하에 수출시장 확대의 어려움을 극복, 내수 성장만으로도 경제와 산업이 성장할 수 있는 규모의 시장을 확보하는 매우 중요한 의미의 국가 생존 및 발전 전략이었다.

미수교국에 진출해 정식수교를 도왔던 것처럼 북한 땅에서도 민족 화해를 위해 열심히 경제의 씨를 뿌렸다. 아직은 딱딱하게 굳어 있는 씨가 머지않은 날, 촉촉이 젖어 싹을 틔우고, 줄기가 돼 태양 아래 당당히 설 수 있는 날을 기대했다.

김 전 회장은 1997년 한 언론과의 인터뷰에서 진출할 국가를 고르는 키포인트는 무엇인가라는 질문에 이렇게 대답했다. '먼저 해당 국가의 인구를 봅니다. 그다음 지도자를 봅니다. 지도자가 경제를 하겠다는 비전과 확신을 가졌는지 여부를 중시합니다.'

세계경영의 공략대상 후보지는 일단 인구가 많아야 한다. 현재의 경제수준도 고려의 대상이지만 인구가 많아야 잠재력이 크기 때문이다. 중국, 러시아, 우크라이나, 폴란드, 루마니아, 인도 등이 그렇다. 이들 나라들은 경제력은 크지 않지만 인구가 많다는 공통점을 갖고 있다.

부상하는 신흥시장(Emerging Market)이면 더욱 매력적이다. 이미 다른 선진기업들이 터를 잡고 있다면 후보지의 우선순위에서 밀린다. 대우 특유의 종합적인 개발설계가 어렵기 때문이다. 남미지역이 대표적인 사례다.

국가 지도자의 경제 하려는 의도도 후보지 선정의 중요한 평가기준이다. 대우와 손을 잡고 일할 파트너가 의욕이 없다면 성과를 낼 수 없기 때문이다. 블럭화에 대한 거점지나 요충지면 더욱 좋다. 우크라이나 폴란드가 모두 거점지역이다. 이들 국가를 EU와 CIS 중앙아시아를 연결하는 교두보로 활용한다는 전략이다.

부존자원도 고려의 대상이다. 공장을 세워 당장 팔아먹을 수 없을 정도로 현지의 구매력이 빈약하다 해도 부존자원이 있으면 매력적이다. 가령 우즈베키스탄은 당장 자동차를 생산해서 팔아먹을 정도의 경제수준이 아니다. 그러나 대우는 자동차 공장을 세웠다. 이곳에 면화, 구리, 텅스텐 등 부존자원이 많기 때문이다. 대우가 자랑하는 마케팅 능력으로 이들 자원들을 현금화시키면 이 나라의 구매력은 절로 올라 갈 수 있다.

김 전 회장의 이러한 전술은 이미 1970년대 후반 아프리카 국가에 진출할 때, 그대로 적용됐다. 아프리카 지역에 진출할 때 김 전회장이 고려한 조건은 세 가지였다. 한꺼번에 대륙 전체에 진출할 수 없으니까 장래성이 큰 세 나라를 우선 점찍었다. 첫째는 돈이 많은 나라, 둘째는 인구가 많은 나라, 셋째는 국토가 넓은 나라였다.

돈이 많은 나라는 리비아였다. 리비아는 당시 아프리카 제일의 석유 생산 국가였다. 요즘도 하루 150만 배럴의 원유를 생산하고 있다(2004년). 인구가 많은 나라는 나이지리아였다. 1억 3천700만 명으로 아프리카 대륙인구의 네 명 중 한 명은 나이지리아 사람이다. 이집트 인구(7천600만 명)의 두 배에 가깝다. 나이지리아 원유 생산의 매장량도 엄청나다. 하루 230만 배럴을 생산하고 있다(2004년). 하지만 아프리카 국가치고 국토는 넓은 편이 아니다. 우리나라의 10배 정도다. 국토가 넓은 나라는 수단이었다. 우리나라 면적의 25배 이상인 250만㎢가 넘는다. 인구는 3천400만 명에 정도지만 수단은 돈이 없었다.

세 나라 중 김 전 회장이 제일 먼저 지사를 연 나라는 나이지리아였다. 1975년 8월, 나이지리아 수도 라고스에 대우지사가 설립된 것이다. 나이지리아는 당시 석유 생산량이 아프리카에서 2위이고 인구가 무려 1억이 넘는데다가 국토의 면적도 우리나라의 10배나 되었기 때문이다.

세계경영 구체적 실천 전략

대우는 성공적인 세계경영을 완성하기 위하여 구체적으로 다섯 가지 구체적 핵심 실천전략을 추진했다. 세계경영의 성공적 운영을 위한 필수요건들은 진출한 나라와 함께 이익을 공유하겠다는 포지티브 섬 (Positive—sum) 세계화 전략이다.

경영의 토착화, 현지의 관습과 실정에 맞는 사업을 추진해 현지인 고용창출, 수출증대, 경영 노하우, 기술이전 등 그들 나라의 경제에 도움이 되는 윈—윈(Win—Win)의 세계화전략이 그것이다.

첫 번째인 공존공영 전략은 대우 30년 역사를 통해 지속되어온 원칙이다. 한마디로 해외에 진출해 있는 대우의 현지법인이 그 나라의 기업이 되는 것을 뜻한다. 즉, 투자국의 관습과 실정에 맞는 사업을 추진하겠다는 것이다. 이를 위해 글로벌 마인드를 가진 지역전문가를 집중 육성했다.

지역전문가 교육은 그 나라 어학교육 과정을 2년간 수료하면서 언어는 물론 문화와 관습을 익히는 코스로 구성했다. 중국, 일본, 러시아, 베트남, 콜롬비아, 브라질 등에 전문가를 파견했고 1996년부터 독일, 프랑스, 폴란드 등으로 그 범위를 넓혀 나갔다. 이를 통해 지역전문가는 1997년 말 양성 중인 인력을 포함해 150여 명에 이르렀다.

세계경영을 위한 조직은 각 국가와 그 산업의 특성에 맞게 구성하고, 최대한 자율성을 부여했다. 또한 1997년부터는 중점 진출지역 혹은 중점국가에 지역본사를 설치해 그 지역 또는 국가에서 수행하는 모든 업무에 대해 지역본사 책임 아래 운영토록 하였다.

사실 대우의 임직원은 잦은 출장 등을 통해 서로 다른 문화와 종교, 관습 등을 이해하는 글로벌 마인드를 갖추고 있었다. (주)대우의 경우는 전직원의 60% 이상이 해외주재 경험이 있을 정도다. 김 전 회장은 한 경제신문과 인터뷰에서 부장 이상 가운데 해외에서 10년 이상 근무하지 않은 사람은 보기 힘들 정도라고 직접 밝히기도 했다.

'처음부터 10년 동안 해외만을 대상으로 사업을 했습니다. 사람들이 모두 해외 성향이 강합니다. 부장이상 가운데는 해외에서 10년 이상 근무하지 않은 사람이 극히 드물 정도입니다. 기본적으로 해외서 승부한 사람이 있다는 점입니다. 국내 시장이 작기 때문에 나갈 수밖에 없었습니다.'

둘째로는 생산과 판매의 현지화이다. 이는 현지에 있는 자회사가 그 지역에서 본사의 역할을 수행하면서 전 세계에 있는 생산시설과 판매망을 유기적으로 통합하여 시스템화하는 것을 의미하였다. 해외 지역본사가 모두 설치되면 이들 지역본사를 중심으로 제품개발에서부터 애프터서비스까지 현지화한다는 것이다.

셋째, 금융의 복합화이다. 이는 해외 금융시장을 활용하는 해외 파이낸싱, 프로젝트 자체를 담보로 하는 프로젝트 파이낸싱, 현지 정부가 지급보증을 해주는 해외 차입 등 다양한 금융기법을 이용한 금융비용 최소화 전략을 의미하였다. 세계경영에는 대규모 해외투자가 필수요건이며, 필요자금의 원활한 조달 여부에 따라 그 성패가 좌우되기 때문이다.

넷째, 자원 확보의 세계화이다. 이는 러시아의 알루미늄, 우즈베키스탄의 면화, 리비아와 앙골라의 원유 등 광산자원, 임산자원 등 재생산이 불가능하거나 어려운 자원들을 미리 확보하여 크게는 국부 확대의 계기가 되도록 힘을 기울인다는 것을 의미하였다.

다섯째, 기술과 정보의 네트워크화이다. 이는 경쟁력 확보를 위한 정보의 신속하고 효율적 관리를 의미하였다. 당연한 얘기지만, 향후 국가든 기업이든 경쟁력을 키워주는 정보의 신속한 확보와 효율적 관리는 필수적이다. 대우는 1992년부터 핵심기반기술 개발을 위해 그룹차원의 고등기술연구원을 개설해 정보통신, 자동차기술, 전력에너지(핵공학), 전자재료, 의·공학 분야 등에서 핵심기술 확보를 위해 노력해왔다. 또 미국, 영국, 독일, 프랑스, 러시아 등 기술선진국에도 연구소를 설립해 그들이 축적한 연구 노하우를 전수받고, 현지 지역실정에 맞는 상품을 개발할 수 있는 체제를 갖추어 나갔다.

결론적으로 이러한 각각의 세부전략은 별개의 개념으로 추진된 아니라 전 세계 시장에서의 기회와 가능성을 향해 서로 유기적으로 결합되고 나눠지면서 하나의 목표, 다시 말해 한국의 경쟁력 강화를 위해 추진되었다. 해외시장을 개척할 때, 무차별적으로 계획 없이 진출한 것이 아니라 치밀한 전략을 바탕으로 적극적으로 진출하는 세계경영을 모색했다.

세계경영 리스크 회피 전략 및 운영방법

대우는 시간을 사는 M&A 전략으로 해외 시장에 뿌리를 내렸다. 대우의 세계경영은 체제 전환국과 개발도상국에 대한 투자를 단행하면서 대우 특유의 리스크 회피전략을 갖고 있었다. 폴란드와 루마니아, 우크라이나 등 동유럽 자동차 사업에 두드러지게 나타난다.

대우 세계경영의 특징은 창업보다는 현지 기업 인수가 많다는 것이다. 1997년 말 당시 320여 개에 이르는 현지법인 가운데 주요한 것들은 거의 다 인수한 기업이다. 폴란드의 FSO, 루마니아의 로대, 체코의 아비아 등 자동차 생산업체는 물론이고, 수단의 방직공장처럼 규모가 작은 기업도 창업이 아니라 인수했다.

대우는 인수 위주의 전략을 '시간을 사는 것'이라고 말했다. 새로 공장을 짓는 데 드는 시간을 절약하기 위해 창업보다는 인수를 선택한다는 것이다. 폴란드 대우—FSO와 같은 거대한 규모의 자동차 공장을 대우가 폴란드에 직접 짓는다면 많은 시간과 자금을 필요로 하는 것은 당연지사다.

대우는 체제 전환국들에 대한 이러한 투자 방식이 사업의 리스크를 더욱 높일 것이라는 판단 하에 현지에 직접 공장을 짓는 방법 대신에 현지 공장을 인수하는 방법으로 사업을 진행했다. 폴란드의 경우, 대우가 현금을 출자하고 폴란드 정부가 공장을 현물 출자해 대우가 경영권을 보장 받는 가운데 50대 50의 합자회사를 설립하면 공장 인수에 들어가는 비용을 최소화하면서 생산 거점을 효과적으로 확보할 수 있기 때문이다.

또한 기존 생산시설을 잘 손질하고 기존의 숙련된 노동력을 잘 활용하면 생산 시설을 현대화하는 데에 들어가는 비용을 최소화할 수 있다. 뿐만 아니라 이러한 접근 방식은 현지에서 생산을 개시하는 데에 필요한 기간을 최대한 단축시켜 대우로서는 초기 투자비용을 효과적으로 줄일 수 있는 것이다.

비효율에 찌든 부실기업들을 인수한 뒤, 국내에서 갈고닦은 부실기업 정상화 노하우를 십분 활용한다는 것이다. 게다가 부실기업 정상화를 위한 현지 정부의 지원도 국내보다 나으면 낫지 못하지 않다는 판단을 했다. 1967년 창업 당시부터 해외시장 개척에 관심을 기울여 해외시장 개척의 노하우가 어느 기업보다도 많다는 것이 당시 대우의 주장이었다. 진주가 들어 있는 진흙 밭을 싼값에 서서, 비싸게 파는 게 바로 대우의 능력이라는 것이다.

선단식 경영으로 리스크 회피

선단식 경영은 국내에서 지탄의 대상이다. 하지만 대우는 이를 체제 전환국 혹은 개발도상국에서 진행되던 사업의 리스크를 회피하기 위한 수단으로 효과적으로 활용했다. 체제 전환국들에서 사업을 전개하다 보면 겪게 되는 어려움 중의 하나가 이들 국가들이 한국에서 들여온 부품 결제에 필요한 충분한 외화를 보유하고 있지 못하다는 점이었다.

이 경우 대우의 타 계열사가 이러한 자동차 해외 사업의 애로를 구상 무역 등을 통해 해소해줄 수 있다. 예컨대 우즈베키스탄 자동차 공장이 한국에서 수입해온 부품을 결제할 외화가 부족해 곤란을 겪을 경우, 국제 무역을 주특기로 하는 (주)대우가 우즈베키스탄으로부터 면화를 현금 대신 받아 이를 국제 면화 시장에서 팔아 이 대금으로 부품 결제를 하는 방식이다.

대우는 이런 방식으로 체제 전환국들이 공통적으로 안고 있던 외화 부족, 환 리스크 등의 문제를 적절히 회피할 수 있었다. 서방 기업들이 갖고 있지 못했던 대우 특유의 시스템이야말로 대우가 체제 전환국 혹은 개발도상국에 대규모 투자를 할 수 있었던 숨겨진 이유였다고 할 수 있다.

대우의 선단식경영의 선봉에 서 있는 업종은 단연 무역이다. 바로 이 점이 다른 그룹이 부러워하는 대목이다. 다른 그룹 관계자는 '해외경영을 강력하게 밀어붙이고 싶지만 뜻대로 되지 못하는 이유가 바로 여기에 있다'고 말한다. 앞에서 강력하게 이끌어주는 전륜 구동형 엔진이 없다는 것이다.

1967년 무역회사로 출발할 때부터 그룹의 모체가 됐던 (주)대우는 30년 만에 그룹 자체를 수출하는 독특한 기업으로 탈바꿈했다. 이런 점에서 사람들은 '작은 대우그룹'으로 불렀다. 세계경영의 무대를 확장하는데 있어서는 대우가 첨병 역할을 했다. 미개척지의 문을 여는 창문이었다.

통일 독일 이전 우리와 국교 정상화조차 되지 않았을 때 대우는 동베를린에 지사를 갖고 있었다. 동구권 시장 진출의 발판을 마련했음은 물론이다. 이어 헝가리의 부다페스트 등 인근 동구권 국가로 발을 뻗쳐 나가는 인프라를 구축하는 공병의 역할도 담당했다.

중국과도 국교를 트기 10년 전인 1980년대 초 미국 현지법인명으로 상륙, 거점을 확보했다. 정보를 모으고 인맥을 구축하는 일도 (주)대우의 전공이다. 그렇기 때문에 (주)대우의 조직은 무역 건설 외에 금융과 마케팅 능력을 자부한다. 더 이상 무역회사가 아니라는 얘기다.

따라서 대우의 해외진출은 반드시 패키지로 나간다. 단일 품목만으로 해외시장을 공략하는 일반적인 다국적 기업과는 다른 특징을 갖고 있다. 무역을 필두로 해 자동차와 전자 중공업 은행 통신 등 다양한 업종이 줄줄이 기러기 떼식으로 공격한다. 심지어 국내에 기반을 두지 않은 업종도 진출한다.

국내에서 미처 진입하지 못했거나 진출하지 않고 있는 사업을 해외에서 벌이고 있는 업종은 은행업을 포함해 모두 10개 업종에 이른다. 은행 외에 시멘트 제조, 통신서비스, 리스, 제철, 목재가공, 면방직, 타이어 제조, 고속버스 사업, 자원개발 사업 등이 22개국에서 대우라는 이름으로 전개되고 있다.

세계경영의 선봉장, (주)대우와 대우차

세계경영은 (주)대우와 대우자동차가 선봉을 맡았다. 김 전 회장이 대우실업과 대우건설을 합병해 설립한 (주)대우는 김 전회장의 분신이나 다름없는 기업조직이었다. 대우의 핵심 엘리트들과 주요 자산들은 모두 (주)대우로 집결했고, 세계경영의 헤드쿼터 역할을 했다.

한때 대우의 비밀계좌로 주목받으며 전 세계 해외법인들의 자금을 관리한 BFC도 (주)대우 런던법인이 만든 것이었다. 나중에 대우가 26조 원의 돈을 해외에 빼돌린 곳으로 지목되기도 했지만 사실 BFC는 국내 외환 관리법을 넘나드는 탈법을 저질렀을 뿐, 회사의 거대자금을 조직적으로 유용한 조직은 아니었다.

(주)대우가 맡은 사업은 너무도 다양해 일률적으로 설명하기 어렵다. 중국 지역에서는 20여 개의 사업을 관리하기 위해 지주회사 설립도 검토할 정도였다. 일관된 흐름은 이머징 마켓의 개발 사업에 적극 참여하는 것이었다. 페루의 육상유전, 칠레의 동제련, 알제리의 육상광구, 리비아의 해상광구, 우즈베키스탄의 면화, 우크라이나 및 체코의 지하자원 개발 등이 (주)대우의 사업 리스트에 올라 있던 것들이었다.

세계경영의 또 다른 추진체인 대우자동차는 90년대 중반에 동유럽의 자동차 생산기지를 싹쓸이하며 진군나팔을 불었다. 폴란드—루마니아—체코가 차례로 함락된 데 이어 1996년 7월 우즈베키스탄에서도 공장이 준공됨으로써 동유럽에 4각 생산기지가 구축됐다. 이 가운데 전 세계 자동차 메이커들을 경악하게 만든 사건은 대우가 GM을 제치고 폴란드에 입성한 것이었다.

김 전 회장은 GM이 폴란드 정부가 인수조건으로 내건 고용유지 조항에 불만을 표시하며 김을 빼고 있는 사이에 오스트리아의 수도 빈에서 전광석화처럼 폴란드 자동차 공장 인수계약을 체결했다. 그는 '인력의 30%만 흡수하겠다'는 GM과 달리 '생산량을 네 배로 끌어올려 2만 명의 근로자 모두에 대한 고용보장을 약속하겠다'는 승부수를 던졌고 이것으로 게임은 끝이었다. 석 달 뒤 영국의 이코노미스트는 '대우가 세계 최대의 자동차 메이커인 GM의 유럽 전략을 완전히 무너뜨렸다. 또 하나의 도요타가 탄생했다'고 썼다.

김 전 회장과 존 스미스 GM 회장은 2년 뒤 우크라이나의 자동차회사 인수를 위해 또다시 붙지만 여기서도 완승했다. 대우가 파죽지세로 동유럽 진격을 계속하던 어느 날, 김 전 회장은 한 신문과의 인터뷰에서 이렇게 얘기했다.

"이제는 강대국이 약소국 시장에 들어가 이익을 챙겨 나오는 식민주의적인 투자 패턴이 바뀌어야 합니다. 과거에야 통신수단과 정보가 미흡했기 때문에 그랬다 하더라도, 이제는 현지에서 곧바로 자금을 조달하고 기술 개발을 추진하면서 기업의 현지화를 꾀해야 합니다. 돈 버는 게 우선이 아니라 기업을 운영하는 것이 먼저라는 인식을 현지인들에게 심어 주고, 실질적으로도 그 나라 국민들에게 이득이 돼야 기업도 성공할 수 있습니다. 따라서 현지에서 벌어들인 수익은 재투자를 통해 기업을 키우고 기업공개를 통해 상장도 추진한다는 계획입니다. 국제증시를 통해 이익을 창출하는 방식으로 운영될 것입니다."

현지 정부의 전폭적 지원

현지 공장을 인수해 운영하다 보면 초기에 겪게 되는 어려움 중의 하나는 공장 인수 후 생산설비 구축이 완료돼 제품이 나오기 전까지 약 3년여의 기간 동안 마땅히 수익을 창출한 방법이 없다는 것이다. 이는 초기 투자에 대한 부담을 늘리는 심각한 문제가 아닐 수 없다.

대우는 현지 공장을 인수하기 전, 그 공장이 생산하던 구형 모델을 생산해 판매하는 방안을 검토했다. 하지만 기존 구형 모델에 대한 소비자들의 불신이 워낙 큰 데다, 출시될 대우 모델에 대한 기대감으로 현지 소비자들이 구형 모델을 선뜻 구입하려 하지 않아서 이 방법은 큰 효과를 거두지 못했다.

이때 대우는 자동차 생산이 개시되기 전까지 대우 자동차를 SKD 방식으로 한시적으로 면세로 수입해 판매하는 방안을 현지 정부와 협의했다. 그 결과 현지 정부들은 대우가 자동차 생산이 본격적으로 개시될 때까지 한시적으로 SKD를 면세로 수입해서 판매할 수 있도록 허가했다. SKD(Semi—Knock Down)는 완성차에서 시트, 후드, 핸들, 도어 등 일부 부품만 떼어낸 상태를 지칭한다. 따라서 재조립이 용이하므로 완성차와 다를 것이 없다.

현지 정부의 이러한 효과적인 지원 덕분에 대우의 해외 자동차 공장들은 SKD를 면세로 수입해 조립 후, 판매할 수 있었고, 이로 인해 인수 직후부터 자체적으로 수익을 창출하는 보기 드문 성과를 올리기 시작했다. 이는 투자에 따른 리스크를 최소화하는 효과를 가져왔다.

현지정부로부터 이러한 전폭적인 지원을 이끌어 낼 수 있었던 것은 당시 대우의 철저한 현지화 전략에서 연유했다. 현지의 관습과 실정에 맞는 사업을 추진해 현지의 고용창출, 수출증대, 경영 노하우, 기술 이전 등 그들 나라의 경제에 철저히 기여하는 대우의 윈—윈 전략은 이들 국가들이 대우를 그들의 전략적 파트너로 인식하도록 했던 것이다.

해당국 지도자 만나 담판

천부적인 금융전문가에다 뛰어난 국제 세일즈맨인 김 전 회장의 주특기는 현지 정부지도자와 적극적인 협상을 통한 최대한의 메리트를 확보해 나간다는 점이다. 특히 자신의 사업야심과 국가원수의 요구사항을 연결시키는 능력을 갖고 있다.

천부적인 금융전문가에다 뛰어난 국제 세일즈맨으로 현장에서 즉각 결정하므로 스피드가 뛰어나다. 현지 정부지도자를 직접 대면하는 방식은 정보의 축적, 상대의 요구를 간파하는 데 매우 유용하다. 이 때문에 김 전 회장은 대부분 해외시장에 진출할 때, 해당 국가의 지도자와 담판으로 협상을 체결하는 방식을 택했다.

이로 인해 사회 일각에서는 대우의 세계경영을 '정경유착의 세계화'라고 비난하기도 한다. 또 특혜를 노린 부실기업 M&A, 개도국에서 히트 앤드 런(hit and run) 전략 등 곱지 않은 시각으로 보려는 사람도 있다. 그가 이런 방식으로 전 세계 개도국을 주유했기에 '약속을 남발하는 사나이'라는 평가도 따라 다닌다.

하지만 김 전 회장에게는 국내외를 막론하고 현장을 지휘하는 리더십을 발휘하는 데는 다른 그룹 총수가 흉내 내기 어려운 일면이 있다. 1997년 6월, 미국에서 매주 24만 부씩 발행되는 인더스트리 위크(Industry Week)지는 '640억 달러를 건 도박'이란 제목으로 김 전 회장의 세계경영을 커버스토리로 다루었다.

'김 회장은 폴란드 FSO 인수에서 불과 8천900만 달러의 액수로 GM을 제쳤다. 이는 최고 의사결정권자인 김 회장이 직접 협상 테이블에 앉아 있었기 때문에 가능했다. 반면 GM 협상 대표는 디트로이트 본사에 대한 보고와 지침 하달 등 의사소통에 많은 시간을 허비했다.'

이와 같은 김 전 회장의 현장에서 순간적으로 결정을 내리는 방식을 '1초경영'이라고 부르기도 했다.

당시 김 전 회장의 이 같은 독보적인 사업수행에 대해 장점에도 불고하고 '뒤탈'을 걱정하는 우려도 지적됐다. 하지만 대우 관계자들은 '거대사업을 추진하는 데 관리비용이 들지 않는다고 말할 수는 없다'고 일축해버렸다.

김 전 회장의 우즈베키스탄자동차 공장 협상과정을 통해 한번 살펴보자. 그가 따낸 조건들을 살펴보면 '세계경영' 정체의 한 단면이다.

△기계장치 자동차 부품 무관세 통관 △법인에 · 소득세 면제 △공장용지 무료제공 △경쟁 차종 수입관세 대폭 상향 조정 △파이낸싱에 정부 지급보증 △기타 도로 통신 지원 등이다.

그리고 이런 조건들을 일일이 법으로 만들려면 시간이 걸리기 때문에 내각강령(cabinet decree)을 만들도록 했다. 이른바 '대우 특별법'이다. 대우가 공장을 짓는 데 필요한 문서에는 카리모프 대통령 특별사인이 붙어 초스피드로 진행된다. 대우의 프로젝트는 대통령의 선거공약 사업이고 대우광고에 카리모프 대통령이 무료로 출연하고 있다. 대우인들의 공항통행은 자유롭고, 필요하면 어느 때고 각료급 인사면담이 보장된다.

이런 나라들은 무엇 때문에 대우에게 각종 특혜(?)를 베푸는 걸까. 이유는 간단하다. 대우는 실업자가 널려 있는 이들 나라에 항상 일정수의 고용을 약속한다. 대개 몇 천 명씩 단위다. 다음으로 생산액의 50%는 수출하여 외화를 가득해주겠다고 약속한다. 이런 요소들이 2대 포인트이다.

대우 폴란드 자동차공장 수주 때는 한때 대우자동차의 합작선이었던 미국의 GM과 경쟁이 붙었다. GM은 수지를 맞추려고 고용인력 얼마를 자르겠다는 조건을 내걸었다. 반면 대우는 해고는 일체 없는 대신 오히려 생산을 늘려 커버하겠다고 장담했다. 대우는 경쟁 입찰에서 승리했다. 적어도 이들 국가에서 메이드 인 코리아는 대우가 독보적이다. '대우왕국'이란 말도 심심찮게 듣는다. 당시 삼성이나 현대는 잘 알려져 있지 않았다.

세계경영의 성과

서유럽 지역의 성과로는 EU 블록의 역내 생산 기지와 선진기술 확보라는 측면에서 매우 중요한 지역적 기반을 마련했다는 점을 들 수 있다. 또한 서유럽은 해외 투자기업에 대한 중앙 및 지방정부의 인센티브 제공과 적극적 지원으로 투자비가 한국의 절반 밖에 들지 않았다.

서유럽 투자의 또 다른 장점은 동유럽에서의 생산제품을 서유럽으로 판매하는 경우, 수출에 따른 마찰 해소 및 이미 구축된 판매망을 활용할 수 있다는 점이었다. 따라서 대우는 EU지역의 3개국(영국, 프랑스, 스페인)에 종합가전 생산기지를 확보했다.

폴란드, 루마니아, 체코 등 동유럽권에는 자동차 50만 대를 생산할 수 있는 생산체제를 구축해 현지시장 및 유럽진출을 위한 생산기반을 확보했다. 또한 당시 13개 자동차 판매법인 및 10개 전자 판매 법인을 설립해 판매활동을 전담토록 하였다. 영국, 독일, 프랑스 등지에 자동차 및 전자연구소를 확보해 현지의 선진기술을 습득할 장을 마련했다

이로써 당시 EU지역에서는 연구소, 생산, 금융, 판매망 등의 유기적인 연계체제가 구축됨과 동시에 현지화를 통해 세계화를 이루게 되었다. 이러한 역내 사업기지 구축은 생산설비 및 부품 등의 간접 수출을 촉진시켜 당시 국내 수출에서 대우가 미치는 영향이 1993년에 8.2%에서 1996년에는 9.9%로 확대되는 결과를 가져왔다.

당시 동유럽은 높은 기술 수준과 숙련된 노동력, 위대한 문화유산 등 서구적 특성이 강한 지역으로 분석됐다. 때문에 시장 경제체제로의 이행이 순탄할 것으로 전망돼 대우의 거점으로 확정됐다. 이 지역은 무엇보다 빠른 시간에 서구 경제에 접근할 것으로 보고 대우의 중요 투자 지역으로 선정됐다.

당시 동유럽에서 대우의 주요한 투자 내용으로는 폴란드의 대우모터폴스카(FSL)와 대우—FSO 등 자동차공장, 루마니아의 로대(RODAE) 자동차공장, 그리고 체코의 상용차공장 및 헝가리의 금융법인 등이 있었다. 대우는 당시 이들 거점지역을 기반으로 동구권 및 EU시장에서의

사업을 활발히 전개할 계획이었다.

또한 대우는 러시아 지역을 아시아와 더불어 신흥 경제권이라는 점과 그 시장 규모에 전략적 중요성을 부여하고 있었다. 또한 이 지역은 생산 제품의 가격 경쟁과 동시에 주변 지역과의 무역 장벽도 회피할 수 있는 장점으로 주목 받고 있던 지역이었다.

당시 대우는 1990년대 초에 이 지역 진출을 시작, 대우차를 생산하는 우즈베크의 대단위 자동차공장을 비롯해 상호관세면제 혜택이 부여되는 카자흐스탄, 아제르바이잔 등 주변지역에 자동차 판매 법인을 설립하고 이 지역 시장공략에 나섰다.

러시아에는 유통판매망을 확보해 본격적인 사업전개를 서두르고 있었으며, 우크라이나 등지에서도 새로운 사업기회를 검토하고 있는 등 본격적인 세계경영 네트워크를 구축해 나가고 있다.

또한 아시아에서 성장 잠재력이 높은 중국, 인도, 베트남에 조기 진출하여 시장을 선점, 아시아 지역의 전략 거점지역으로 발판을 마련했다. 대우의 해외시장 개척의 출발점이라고 할 수 있는 미주지역은 1967년 1달러짜리 셔츠를 판매하던 것에서 불과 20년 만인 1997년에는 자동차가 진출한 상징적인 지역이다. 또한 멕시코의 경우 미국시장 진출의 전초기지로서 종합가전 공장을 비롯하여 전자부품 공장 등이 들어섰다.

아프리카는 이미 그 기반을 확고히 한 수단지역을 발판으로 사업 확대를 추진해나갔다. 북부아프리카 국가인 이집트, 모로코, 알제리 등에 대단위 종합가전 공장설립과 자동차조립 공장, 호텔 사업 등이다.

당시 김 전 회장은 세계경영이 궤도에 오르면 '해외산업기지 1천 개 이상, 총매출액 1천780억 달러(해외 매출 890억 달러), 총 고용인력 35만 명(해외 현지인력 25만 명) 이상을 달성 하겠다'는 야심찬 목표를 밝히기도 했다.

그때를 위해 대우가 준비한 추진전략은 첫째로 우리 기술 개발과 실용화를 위한 연구개발에 대한 투자와 네트워크 확대에 주력하는 것이었다. 둘째는 자동차, 전자 등 주요제품의 세계일류 브랜드화를 추진하는 것이었다. 셋째로 경제권역별 본사 운영으로 금융조직의 체계화와 정보와 컨설팅 등 제반 지원조직의 구축에 힘쓰는 것이다. 넷째는 세계적인 각종 교육제도의 활용과 세계에 산재된 현장의 교환실습 및 근무를 통해 세계화에 걸맞는 인재의 양성이었다.

세계경영의 가시적 성과는 김 전 회장에게 자신감을 주었다. 세계경영의 결실인 해외 거점은 1993년 말 185개소에서 1998년 말 396개 현지법인을 포함해 총 589개로 늘어났다. 해외고용 인력도 2만 2천 명에서 15만 2천 명으로 증가했다. 김 전 회장의 해외 출장은 더욱 잦아졌고 대우는 세계 경제의 심장부로 진군을 계속했다.

당시 김 전회장이 구상한 세계경영의 종착지는 어디였을까. 해답은 '전 세계 20개 국가에 대우그룹을 줄줄이 세워 상호 네트워크를 완성하는 것으로 보면 된다'는 그의 말에 축약돼 있다. 대우 위성그룹들을 지

구상에 그물 펼치듯 구축해 '글로벌 회사 네트워크의 시스템화'를 이루겠다는 것이다.

특히 해외공장의 고용 인력이 국내 인력(10만 명)을 넘어서면서 대우와 김 전 회장은 세계적인 뉴스메이커로 등장했다. 김 전 회장은 '5천년 역사에서 우리 민족이 수만 명의 외국인, 특히 백인들을 고용한 적이 있느냐'며 그 의미를 강조했다. 당시 대우의 매출액은 우리나라 국민총생산의 12%에 육박하는 56조원으로 늘어났으며, '가장 짧은 시간에 가장 빠르게 성장한 기업'이 됐다.

김 전 회장은 대우의 세계경영이야말로 세계인의 존경을 받는 한민족의 미래라고 자신 있게 주장했다. 그걸 방증이라도 하듯이 대우는 해체되기 직전인 1998년 말, 국내 40개 계열사와 396개의 해외현지법인을 거느린 초국적기업으로 당시 개도국의 다국적 기업 가운데 해외자산을 가장 많이 가진 회사였다. 18조 3천억 원의 자본총계와 83조 8천억 원의 자산, 62조 8천억 원의 국내매출을 기록한 굴지의 대기업 집단이었다.

〈세계경영 부문별 추진계획〉

▶ 무역 부문 : 전 세계는 국경 없는 시장이라는 개념 아래, 지역별 비교우위 확보가 가능한 생산, 자원개발, 금융, 판매, 유통, 그리고 연구개

발 거점을 400여개로 확대 구축하여 복합적 금융운용기능과 지구적 유통조직 글로벌 지주회사로 성장을 추구해 나갔다.

▶ 건설 부문: 지역별 본사제도와 현지기업의 적극적인 협력 체제를 통해 21세기형 GENECON(General Contractor : 운영, 감독과 시공의 분리)으로서 설비운영, 금융, 무역 등 복합기능을 보유한 글로벌 지주회사 형태의 종합건설업체로 발돋움하기 위해 선진 및 고유기술 확보와 고부가가치 사업구조로의 전환에 매진했다.

▶ 자동차 부문 : 1998년까지 국내외 각각 100만 대 및 200만 대 생산체제를 구축하여 명실상부한 세계 10대 메이커로 부상해나간다는 계획 아래, 1995년 구축 완료한 서유럽지역의 자동차 판매망과 더불어 1997년 북미지역 진출로 명실상부한 자동차 글로벌 판매망을 구축해 나갔다. 기술자립화를 위한 투자에 집중해 국내 및 해외(영국, 독일)를 연계한 글로벌 연구개발 네트워크(Global R&D Network)의 구축 및 연구 개발인력 8천500명을 확보하는 등 국제경쟁력을 갖춘 산업으로 자동차의 미래를 키워나갔다.

▶ 중공업 부문 : 우주항공, 첨단소재, 특수선 및 공장자동화 사업 등 고부가형 사업구도를 갖추는 세계중공업 부문의 선두주자로 커나가기 위해 자금, 신용, 조직, 기술력을 기반을 갖춰 나가고 있었다. 국제적 대규모 프로젝트의 턴키(Turm—key) 방식 종합시스템 공급에 중점을 두고 이미 설립된 벨기에와 중국의 중장비 생산법인, 루마니아의

조선소 및 서유럽, 미주지역의 판매 법인을 기반으로 해외생산기지 확보 및 판매 네트워크 구축을 추진해 나갔다.

▶ 전자 · 통신 부문 : 세계 시장의 10% 점유, 자가 브랜드 판매 및 해외 생산 확대를 통해 21세기에는 세계 5대 가전메이커로 부상한다는 계획을 갖고 있었다. 이를 위해 현지 생산기지의 지속적인 확충으로 지역별 장벽을 극복하고 현지 투자여건 및 제조환경을 이용한 경쟁력 확보에 역점을 두고 있었다.

▶ 금융 부문 : 지역별 특성을 고려한 진출형태 차별화 및 거점의 다변화를 추진한다는 계획아래 선진국에서는 기존 진출금융사의 현지화를 이행하고 신규업무 영역의 확장을 꾀했다. 아시아 신흥시장에서는 금융기관의 신설 혹은 인수 및 해외투자 개발을, 동구권에서는 은행업 중심으로 합작은행과 리스사 등의 형태로 진출하는 전략을 추진해 나갔다. 또 성장 잠재력이 높은 개도국 진출의 교두보를 확보하고, 은행, 보험, 투신 등의 역할과 기능의 다각화를 통한 국제적 종합금융업체로 성장할 것을 계획하고 있었다.

▶ 호텔 부문 : 한국, 중국, 베트남, 알제리, 불가리아, 수단 등 기존의 호텔과 더불어 인도, 헝가리, 폴란드, 나이지리아, 모로코, 미국, 파나마, CIS국가 등 기존 세계경영의 배후 지원적 기능과 호텔 사업의 수요와 발전 가능성을 조화시키며 국제적인 호텔 체인망을 구축해나갈 계획이었다.

금융업계 출신 CEO 세계경영 주도

대우의 세계경영에는 수많은 수식어가 붙어 다닌다. '기업인수의 귀재' '마르지 않는 돈주머니' '마케팅의 교과서' 등이 바로 그것이다. 그러나 역시 귀착점은 사람이다. 그 중심에는 1년의 3분의 2 이상을 해외에서 보낸 김 전 회장이 있다. 김 전 회장에 대해 정경유착이나 개도국에서의 '히트 앤 런 전략' 등 곱지 않은 평가가 있는 것은 사실이지만, 국내외를 막론하고 현장 지휘 능력에 있어서는 분명 남다른 일면이 있다.

그는 보통 1년의 200일 이상을 해외에서 보냈다. 진출 대상국의 국가원수를 직접 만나거나 협상을 벌이기 위해서다. 1995년 김 전 회장이 폴란드의 국영자동차공장 FSO 인수 경쟁을 벌일 때 협상 테이블에 앉아 제너럴모터스를 8천900만 달러 차이로 제친 것은 유명한 일화다.

대우의 세계경영을 주도한 최고 경영진은 모두 국제 금융통이라는 점이다. 당시 대우에 '금융귀재'가 많다는 평을 들은 까닭은 우선 김 전 회장 자신부터 타고난 금융전문가이기 때문이었다.

또 대우그룹의 중추인 (주)대우와 대우자동차의 경영진들은 대부분 산업은행과 한국은행 출신들로 구성돼 있었다. 특히 임원급에서만 해외자금 조달의 9단급이 30명 정도에 달한다는 말이 돌 정도로 대우그룹의 경영진들은 온통 금융인 출신들이었다.

파이낸싱의 중요성에 일찍이 눈을 뜨면서 김 전 회장은 최고경영자(CEO) 대부분을 금융인 출신으로 포진시켰던 것이다. '세계경영'은 이러한 풍부한 금융경험을 가진 CEO를 직급이나 나이에 상관 않고 해외로 보내는 일이 비일비재 했다.

이들은 개도국이거나 체제전환국인 현지의 법과 제도를 만들고 바꾸는 데도 깊숙이 개입했다. 이들 금융인 출신 CEO들은 '세계경영의 전도사'라 불리며 기업과 경제만이 아니라 법과 제도까지 바꿔 놓았다.

신입사원의 경우도 입사 후 3년간 실무교육과정에서 국제금융을 강조했다. 특히 국제금융파트는 매주 세미나를 열어 직원들로 하여금 발표토록 할 정도로 금융을 중시했다. 때문에 대우는 해외자금조달에 탁월한 능력을 가져 당시 대우의 '세계경영' 중 다른 그룹이 가장 알고 싶어 안달이 난 부분은 파이낸싱(자금조달)이었다. 김 전 회장은 전경련 회장단 모임에서 '우리는 해외에서 0%의 자금을 쓰고 있다'고 발언, 다른 회장들의 애간장을 태우기도 했다.

대우가 이처럼 해외자금조달에 강점을 가질 수 있었던 것은 그룹 내 국제금융에 정통하거나 금융기관 출신의 전문경영인이 많기 때문이었다. 1997년 당시만 해도 해외거래 금융기관은 200개사가 넘었으며 국제금융 전문가와 인맥관계도 잘 구축돼 있었다.

그런데 금융전문가들이 경영하는 대우그룹의 재무 상태는 그때도 알쏭달쏭했다. 당시 대우그룹의 국내 주거래은행을 맡고 있는 제일은행 관계자는 '대우의 자금사정이 좋은 것 같기도 하고 안 좋은 것 같기도 하다'면서 '아무튼 마음을 놓을 수가 없다'고 애매한 말을 하기도 했다.

대우가 공정거래위원회에 제출한 1996년 연결 재무제표상 자기자본
비율은 22.8%로 30대 그룹 평균치 18%보다는 상당히 나은 수준이었
다(삼성 26.8% 현대 18.6% LG 21.9%). 그런데 문제는 여기에 해외사업장
의 부채규모는 포함시키지 않았다는 약점이 있다. 또 하나 석연치 않은
점은 그룹의 주가가 매우 낮은 수준이란 점이었다. 부채비율도 괜찮고
그룹순익도 으뜸이었는데, 절대주가는 삼성 LG 등에 비해 10분의 1 또
는 5분의 1밖에 안 됐다. 투자자의 과오인지 난해한 재무구조 때문인지
당시도 알쏭달쏭했다.

칭기즈 칸과 킴기즈 칸

1996년 7월, 중앙아시아 최대 규모의 우즈베키스탄 공장 준공식 때,
우즈베키스탄의 카리모프 대통령은 김 전 회장을 칭기즈 칸에 비유해
'킴기즈 칸'으로 불렀다. 몽골의 점령 왕 칭기즈 칸(태양의 아들 테무친)
을 빗댄 닉네임이다.

카리모프 대통령이 김 전 회장을 '킴기즈 칸'에 비유한 것은 결과적으
로 '선견지명'이 있었다. 칭기즈 칸이 이끌던 몽고 민족은 어느 날 갑자
기 역사의 전면을 질풍처럼 내달리다가 종말에 대한 예고도 없이 어느
날 갑자기 너무도 허무하게 역사의 뒤안길로 사라져버렸다.

유라시아를 거침없이 내달리며 진군나팔을 불던 김 전 회장과 그의

군단 또한 유목민족의 운명처럼 모든 것이 한순간에 끝장이 났다. 그것
은 IMF라는 전대미문의 외환 위기에서 시작됐다.

1997년 11월 국민들에게 청천벽력처럼 다가온 IMF 외환 관리체제
도입은 기업과 경제활동에 대한 기존 가치관을 송두리째 뒤흔들어 놓은
대사건이었다. 한치 앞도 보이지 않을 정도로 칠흑같이 어두운 기업 환
경에서 기업들은 숨을 죽였다. 개발연대의 주역들인 50대 직장인들은
한꺼번에 길거리로 내몰리기 시작했다.

미국식 글로벌 스탠더드로 무장한 IMF 사단은 퇴출 금융기관과 기업
의 리스트를 만들기 시작했다. 그런데 세계경영을 호령하던 대우가 불
행하게도 여기에 포함됐다. 대우는 IMF 사태가 터지기 직전인 1997년
까지 나름대로 탄탄한 기업구조를 갖고 있었다. 해외사업 확대로 유동
성이 다소 빠듯하긴 했지만 자금조달에는 별 어려움이 없었다. 매출이
나 순익도 계속 증가하고 있었다.

한국경제연구원이 1995년부터 1997년까지 3년 동안 현대, 대우, 삼
성, LG 등 4대 그룹의 수익성 및 재무자료를 분석한 결과 대우의 유형
고정자산 증가율은 연평균 30%대, 매출증가율은 35%대로 평균 20~
25% 선이던 다른 그룹을 압도하고 있었다.

매출액 영업 이익률의 경우 6.24%로 삼성(7.32%), LG(6.96%)보다
낮았지만 현대(5.45%)보다는 높았다. 총자본 경상이익률은 0.52%로 가
장 우수했다. 부채비율은 473.8%로 삼성의 371.2%보다는 높았지만 현

대(579.1%), LG(510.8%)보다는 낮은 수준을 유지하고 있었다.

하지만 IMF로 경제위기가 닥치자 사정이 달라졌다. 환란으로 국가신용등급이 갑자기 여섯 단계나 떨어지자 전 세계에 가장 많은 사업장을 갖고 있던 대우는 해외 채권자들로부터 극심한 상환 압력을 받게 됐다.

국내에서는 부채비율 200% 기준이 설정되면서 사실상 신규 차입을 할 수 없는 상황이 전개됐다. 엎친 데 덮친 격으로 환율까지 폭등해 외화자산이 유난히 많았던 대우는 1997년 한 해 동안에만 무려 8조 5천억 원의 환차손을 입게 됐다. 사정이 이렇다 보니 대우의 세계경영은 더 이상 자체 에너지를 확보하기 어렵게 됐다.

전국경제인연합회 부회장을 지낸 손병두(현 서강대 총장) 씨는 이렇게 당시를 회고했다. '만약 IMF사태가 3년 정도 늦게 터졌거나 대우의 세계경영이 3년만 일찍 시작됐더라면 상황은 완전히 달라졌을 것이다. 그런 측면에서 김우중 회장과 대우는 참으로 불운했다.'

김 전 회장은 처연할 정도로 고군분투했지만 자신의 운명을 바꿀 수는 없었다. 1999년 8월, 대우는 결국 워크아웃이라는 사형선고를 받았다. 채권 금융기관들이 매일 부도처리 위협을 가하는 동안 매일 밤 전화통을 붙들고 채권회수를 유예시키던 날들이 6개월 이상 흐르고 난 뒤였다.

세계 시장을 향해 승승장구하며 진군의 나팔을 불던 김 전 회장의 세계경영 시계는 1999년 8월 26일 대우의 워크아웃 결정으로 멈추고 말왔다. 대우의 세계경영을 홍보하는 당시 텔레비전 광고는 이렇게 말하고 있다.

'세계경영은 미래의 세계흐름을 먼저 읽고 적극적으로 이에 대비해 지속적인 성장과 국제협력의 확대, 나아가 기업 활동의 새로운 가치를 창출하려는 대우의 의지이자 기업 이상입니다. 세계인이 만들고 세계와 함께 나누는 대우의 세계경영에 다가올 21세기에도 인류번영을 향한 대우가족의 땀과 열정은 계속될 것입니다. 세계경영, 다음 세대와의 약속입니다.'

다음 세대와의 약속이라는 세계경영, 세기말을 넘지 못해 그 약속을 지키지 못했다.

대우는 좌초했지만 세계경영 방향은 맞았다

김 전 회장이 종적을 감춘 지 5년 8개월 만에 돌아오자 그의 경영활동 공과에 대한 논란이 일고 있다. 특히 '세계경영'이라는 이름으로 진행됐던 김 전 회장의 기업가 정신과 세계경영 전략에 대한 체계적인 분석과 재평가가 이루어져야 한다는 주장이 제기되고 있다.

'대우의 세계경영은 실패했지만 세계경영 자체는 올바른 방향이었다.'

지난 1995년 대우그룹에 입사했던 386 운동권출신들을 주축으로 결성된 세계경영포럼이 주최한 '세계경영 그리고 한국경제'라는 주제의 공개토론회에서 모아진 대체적인 의견이다. 토론회에서는 대우의 세계경영에 대한 의미를 재조명하면서 김 전 회장의 공과에 대한 논의를 자연스럽게 공론화시켰다(토론회는 2005년 6월 24일 한국언론회관에서 열렸다).

최정호 한국무역개발원장은 '현장에서 본 대우 세계경영의 가능성과 현실성'이라는 주제발표를 통해 '김 전 회장이 아프리카, 동유럽, 그리고 브릭스(BRICs)로 부상한 중국, 인도, 러시아 등 잠재성장 국가를 선점하기 위해 가장 먼저 진출했다는 것에 대해 분명히 인정해야 한다'며 '이 같은 네트워크가 무너져 내린 것은 가슴 아픈 일'이라고 아쉬워했다.

또 최 원장은 '대우가 폴란드 루마니아 체코 헝가리 등 동유럽 국가에 발 빠르게 진출한 것은 이들 국가의 유럽연합(EU) 가입을 예상한 전략이었다'면서 '만약 오늘날까지 세계경영이 이어졌다면 EU로 저항감 없이 제품을 팔 수 있는 체제를 구축했을 것'이라고 강조했다.

이어 '100만 명 실업이라는 당면 과제를 해결하기 위해서는 밖으로 나가야 하고, 세계로 뻗어나가는 기상이 필요한 시기'라고 김 전 회장의 세계경영 정신을 긍정적으로 평가했다.

정규재 한국경제신문 논설위원은 '김우중 전 대우그룹 회장의 세계경영과 기업가정신'이라는 주제 발표에서 '대우 세계경영의 좌초는 개도국의 경제성장이 김 전 회장의 예측에 크게 못 미쳤던 데다 1990년대 중반부터 전 세계 개도국을 휩쓸었던 외환위기에 포위됐기 때문'이라고 진단했다.

또 '대우와 김 전 회장은 실패했지만 대우가 이룬 행적들은 지금도 국내 대기업들이 개도국 시장에서 과실로 수확하고 있다'며 '문제는 대우의 실패가 아니라 대우 해체로 기업가 정신이 사라지고 재무 관리형 최고경영자들이 득세하며 기업의 역동성이 괴멸되고 있는 것'이라고 지적했다.

김형철 전 서울대경제연구소 연구위원은 '90년대 대우그룹의 세계경영과 민간기업이 주도하는 체제 전환국들간의 경제블록 구상'이라는 주제 발표에서 '대우의 세계경영은 민간기업 주도 하에 상이한 정치적 이해관계와 국가 전략을 가지고 있던 체제 전환국들의 최소한의 경제적 공통분모를 조직하여 자동차 사업에 대한 단일한 시장과 생산 시스템을 구축하고자 했던 체제전환국 간의 경제블록으로서의 가능성을 상당히 내포하고 있다'고 분석했다.

나아가 이러한 경험은 '향후 동북아 지역에 긴장이 해소되고 역내 안보를 보장하기 위한 일환으로 경제 협력 모델을 추구할 때 대우의 세계경영은 참고가 될 수 있을 것'이라고 평가했다.

토론자로 나선 이수희 한국경제연구원 기업연구센터소장은 '대우의 세계경영은 우선 그 당시 경제 상황을 살펴봐야 한다'며 '1980년대 후반 주택 200만 호 건설 이후 성장 활력이 급격히 떨어진 상황에서 국내 대표 기업들이 자연스럽게 선택할 수 있는 전략이었고, 성공 가능성도 높았던 프로젝트였다'고 평가했다. 따라서 '세계경영의 실패가 아니라 대우의 세계경영 실패라고 하는 게 올바르다'면서 '다른 대기업들이 명칭을 달리하고 있지만 세계경영은 지금도 진행형'이라고 강조했다.

이날 토론회를 주관한 김윤 세계경영포럼 대표는 '김 전 회장과 대우를 하나로 묶어 상징적으로 나타내는 것은 결국 세계경영이라는 키워드'라면서 '세계경영에 대한 학술적인 고찰 없이는 대우사태를 파악할 수 없다'고 설명했다. 아울러 '한때 수출주도형 성장 모델로 떠오른 세계경영은 김 전 회장의 소유물이 아니라 민족사적 맥락에서 재평가 작업이 필요하다'고 주장했다.

대우의 세계경영에 대한 긍정적인 평가와 달리, 일각에서는 김우중식 경영에 대해 우호적인 '재평가'를 하기 어렵다는 주장이 제기되고 있다.

임원혁 한국개발연구원 연구위원은 '김우중식 세계경영의 핵심은 정부와 우호적인 관계를 맺으면서 지나칠 정도의 차입과 저돌적인 기업인수를 통해 사업을 확장하는 것'이었다고 제기했다. 또 '경영의 내실을 다지기는커녕 세계경영을 표방해 정경유착과 대마불사의 신화를 신흥시장에 전파하는 식으로 대응하다가 수십 조 원의 공적자금 부담을 초래하며 결국 실패로 끝나고 말았다'고 비판했다.

많은 기업인들은 김 전 회장의 실패가 아니라 이상에 주목하고 있다. 안정적인 현금 흐름, 이사회 중심의 지배구조, 보수적인 경영 전략을 토대로 한 이른바 글로벌 스탠더드가 횡행하는 현실에서 이제 다시는 김 우중식 실험과 도전을 감행할 기업은 찾아볼 수 없다. 하지만 김 전 회 장의 세계경영은 당대의 삼성그룹마저 벤치마킹을 시도할 정도로 기업 의 국제화 마인드를 확산시키는 데 일조했다는 데는 이론이 없다.

훌륭한 한 사람의 CEO는 하루아침에 탄생하지 않는다. 나라 경제를 위해서도 김 전 회장의 과실은 분명히 물어야 하지만 '세계경영'을 21 세기 생존 전략으로 내세웠던 혜안 등은 인정해야 한다.

세계를 향해 웅비하고자 했던 김 전 회장과 대우의 세계경영은 거대 한 실험이자 모험이었다. 도전과 모험이 없는 곳에 발전은 있을 수 없는 것처럼, 합리적이고 이성적인 재평가를 통해 버릴 것은 버리고, 계승할 것은 계승하는 것이 대우의 세계경영 실패에서 얻을 교훈일 것이다. 한 가지 분명한 사실은 김 전 회장이 일군 기업들이 아직도 한국경제의 견 인차 역할을 하며 제 역할을 해내고 있다는 점이다.

길인수 성균관대 사학과를 졸업하고, 전자신문, 한경 비즈니스, iWeekly 등에서 기자로 활동했 다. 현재 기업 CEO 인터뷰 및 리더십 분야를 취재하는 저널리스트로 활동 중이다. 저서로 《한국 최고경영자 9인, 그들에게 배워라》가 있다.

부록

해외언론이 바라본
김우중

해외에서 바라본 김우중 전 회장에 대한 시각을 살펴보려면 다음과 같은 그의 기업 성장 배경을 이해하는 것이 우선순위일 듯하다.

한 시대를 풍미한 김우중 전 대우그룹 회장의 세계경영 '신화의 명멸' 출발선은 지난 1967년 3월 '청년 김우중'의 대우실업 창업으로 거슬러 올라간다. 섬유 수출업체인 한성실업 무역부장으로 있던 31세 청년이 트리코트 원단 생산업체인 대도섬유 도재환 씨와 손잡고 대우그룹의 잉

태를 예고한 것이다.

자본금 500만 원의 대우실업은 창업 첫해 싱가포르에 트리코트 원단과 제품을 팔아 58만 달러 규모의 수출실적을 올린 데 이어 인도네시아, 미국 등지로 시장을 넓혀 큰 성공을 거뒀다.

트리코트 원단과 와이셔츠 수출로 대우그룹 축성의 종자돈을 마련한 그에게는 '트리코트 김'이라는 별칭이 따라붙기도 했다. 그렇게 시작된 '이카루스의 꿈'은 의욕적인 창업보다는 왕성한 기업 사냥을 통한 '다계열, 다업종' 확장으로 이어졌다.

대표적으로 1973년 영진토건을 인수해 대우개발로 간판을 바꿔 달고 무역부문인 대우실업과 합쳐 그룹의 모기업격인 (주)대우를 출범시켰다. 또 1976년에는 한국기계를 흡수해 대우조선으로 개편한 옥포조선소과 묶어 대우중공업을 만들었고, 앞서 1974년 인수한 대우전자와 1983년 대한전선 가전 사업부를 뭉쳐서 대우전자를 그룹의 주력으로 성장시켰다. 동양증권과 삼보증권도 사들여 1983년에 대우증권으로 터를 잡았다.

그뿐 아니라 1974년에는 교통부가 서울역 건너편에 짓다가 만 교통회관도 챙겨 지금의 대우센터인 그룹의 거점을 확보했다. 이 같은 급속한 외형확장의 결과 1972년 수출 5위라는 눈부신 기록을 남긴데 이어, 창업 15년 만에 대우를 자산순위로 따져 국내 4대 재벌로 성장시켰다.

김우중 전 회장은 특히 금융과 해외영업에서 남다른 수완을 발휘하면서 압축적 고속성장에 주력한 '박정희 정권'에서 가장 두드러진 기업인으로 주목받았다. 전직 고위관료와 한국은행·산업은행 출신 금융인들을 다수 포진시켜 급속한 성장을 뒷받침할 수 있는 금융조달 및 정부지원 등을 이끌어 냈으며, 이는 나중에 '정경유착' 의혹을 불러일으키는 한 요인으로 작용했다.

1970년대 무섭게 입지를 넓힌 그는 80년대 중반 한때, 대우조선 경영 악화와 노동쟁의 등 난관에 부딪히면서 부도설에 휩싸이기도 했다. 그러나 1980—1990년대 내내 세계경영을 화두로 내걸고 '성장일변도' 전략을 구사했다.

특히 1990년대 들어 과거 사회주의권 국가였던 폴란드, 헝가리, 루마니아, 우즈베키스탄 등지에서 자동차공장 등을 인수하거나 설립하며 세계경영을 본격화했다. 그 결과 1993년 말 185곳에 불과했던 해외 네트워크가 1998년 말에는 396개 현지법인을 포함해 모두 589곳으로 늘어났고, 해외고용 인력도 2만 2천 명에서 15만 2천 명으로 불었다.

우즈베키스탄의 카리모프 대통령은 당시 그를 '킴기즈 칸'이라 부르기도 했다.

당시 김우중은 연간 해외 체류 기간이 280일을 넘는 것으로 유명했다. 물론 1992년 대통령선거 출마설과 1995년 노태우 전 대통령 비자금 사건 등으로 시련의 계절을 맞으면서 크게 흔들리기도 했지만, 당시만 해도 대우의 신화는 계속되었다.

그러나 1997년 11월 국제통화기금(IMF) 관리체제 돌입은 대우 신화의 붕괴를 예감하게 하는 결정적인 신호탄이었다. 국가신용등급 추락의 여파로 해외 채권자들로부터 극심한 상환압력을 받게 된 데다, 해외 자산에서 가공할 타격을 받으면서 세계경영의 허점이 노출된 것이다.

그런 가운데 김우중은 1998년 3월 전경련 회장을 맡아 재계의 얼굴로 나서는 승부수를 던지면서 '수출론'을 집중 부각시켰으나 관료들과는 여전히 평행선을 달렸고, 오히려 개혁의 대상으로 내몰리는 상황을 맞았다.

그러다가 1998년 당시 그룹 구조조정의 최우선 핵심 사안으로 꼽혔던 대우차와 GM의 합작 추진이 흔들리기 시작했고, 금융감독위의 기업어음(CP) 발행한도 제한 조치에 이어 회사채 발행제한 조치까지 내려져 급격한 유동성 위기에 빠졌다.

비상벨이 울린 대우그룹은 1999년 말까지 41개 계열사를 4개 업종, 10개 회사로 줄인다는 내용의 구조조정 방안도 발표했으나 일파만파의 자금난을 극복하고 새 출발을 다지기에는 시간도 역량도 부족했다.

결국 '세계는 넓고 할 일은 많다' 던 그는 1999년 8월 대우그룹 모든 계열사들의 워크아웃이라는 극약 처방을 받았고, 그해 10월 중국 공장 방문 이후 귀국하지 않은 채 지금껏 5년 10개월째 도피 행각을 벌여왔다.

(연합뉴스 기사 참조)

외국 인터넷 상에 도는
김우중의 명언 모음

'이 일을 해낼 수 있을까? 실패하면 우리는 어떻게 될까?' 라고 고민하는
비즈니스맨은 비즈니스맨으로서의 자질이 없는 것이다. 만약 1%의 성공확
률이 있다면, 그 1%를 성공의 씨앗으로 삼는 자가 바로 진정한 비즈니스맨
이다.
(en.thinkexist.com/quotes/kim_woo—choong/)

— 이는 외국 인터넷상에 도는 김우중의 명언 중 하나이다. 성공의 가

능성 1%에 매달리는 낙관적 성품이 드러나고 있다. 김우중의 이 같은 저돌적 낙관론이 그의 활발한 세계경영의 모토가 되었을 것이다. 이는 또한 99%의 실패 가능성에도 불구하고 도전하는 패기이기도 하지만 어찌 보면 무모한 객기라고 할 수도 있는 양날의 칼날로 작용할 수 있다. 하지만 김우중은 가능성 1%에 주목했던 흔치 않은 사람이었다.

스스로 김 회장이라고 불리기를 좋아했던 김우중 회장은 몇 년 전까지만 해도 한국경제의 기적과 동일시되었다. 서방의 경제 전문가들은 한동안 그를 경제 기적의 모범적 예로 들었다. 저널리스트는 '우연이나 저절로 이루어지는 것은 아무것도 없다. 땅을 깊이 파면 팔수록 그 구멍은 커지게 마련이다' 라는 김 회장의 말을 자주 인용하기도 했다. 그들은 또한 '나에게는 돈이 중요한 것이 아니다. 만약 돈이 중요했더라면 수백 개의 맥도날드 분점을 내고 말았을 것이다' 라는 김 회장의 말을 신뢰했었다.

(Jungle World 2001. 3. 14일자 중에서)

─ 스스로 김 회장이라고 불리기를 좋아했다는 말은 한국경제발전에 있어서 그만큼 자신의 몫을 스스로 인정한 자부심이 배어 있다. 실제로 전경련 회장을 역임한 그는 고속 성장을 구가한 한국경제의 상징이기도 했다. 돈이 중요하지 않았다는 그에게 진정 중요한 것은 무엇이었을지 되짚어 볼 만한 대목이다.

일벌레 김우중의 충고

외국 언론을 통해 비친 김우중의 세계경영 마인드를 그의 인생철학, 생활방식, 업무방식 등에서 살펴보자.

미국의 워싱턴 포스트(Washington post)는 1998년 6월 10일자 기사에서 김우중을 발바닥에 땀나도록 지구촌을 뛰어다니는 대우그룹의 총수이자 한국 재벌의 모임인 전국경제인 연합회 회장이라고 소개하고 있다. 여기에서는 그의 부지런한 세계 편력과 함께, 과거 권위주의 독재정권하에서 한국경제를 좌지우지한 전경련의 회장으로 묘사되고 있다.

1997년 김우중은 다이내믹한 리더십과 활동적으로 대우자동차를 중부유럽에 투자하여 중부유럽 오토모티브(CEAR) 경영인 상을 수상했다. 그 수상 이유를 요약하면 다음과 같다.

"김우중 회장의 지도 아래 진행된 과감한 중부유럽 자동차 투자는 경쟁자들로 하여금 이 지역에 대한 관심을 불러일으켜 치열한 각축전을 벌이게 만들 정도로 지역 시장에 충격파를 던져주었다."

"1997년 한 해 동안 233일을 해외에서 보냈는데, 23번의 비즈니스 여행에 42개국을 순방하였다. 비행기에서 보낸 시간만 775시간이며, 무려 520,000Km을 옮겨 다녔다."

"폴란드의 자동차 시장에서 대우차는 동종분야의 경쟁업체인 피아트사와 경쟁하여 26%의 시장을 개척하였다. 경쟁사인 피아트의 시장 점유율은 35%였다."

"1997년 올해만 김우중은 동유럽(폴란드, 루마니아, 헝가리, 체코, 불가리아)을 18번 방문하였고, 구소련에서 독립한 국가(우즈베키스탄, 우크라이나, 카자크스탄, 루시아, 벨라루스)를 16번 방문하였다."

이번에는《세계는 넓고 할 일은 많다》에 대한 유럽인의 비평을 보자.

김우중 자서전《세계는 넓고 할 일은 많다》가 1998년 초 에스페란토로 번역되었다(역자 최태석. 에스페란토 판 제목 Vastas la mondo, multas laboro). 우리나라 저명인의 자서전이 에스페란토로 번역된 것은 처음이었다. 다음은 이를 보고 네덜란드의 에스페란티스토 케스 뤼그 씨가 세계 에스페란토협회 기관지(ESPERANTO) 1999년 4월호(77쪽)에 쓴 서평이다. 비판은 혹독하다. 번역 기술에 대한 비판이 아니라 내용에 대해서다. 장문의 비평은 한국의 에스페란토 번역서에 대한 보기 드문 반응이라 눈길을 끈다. 김우중 자서전이 여러 외국어로 번역되었지만, 외국인의 비평으로는 이것이 유일한 것일 듯하다.

일벌레의 충고(Konsiloj de labormaniulo)

Vastas la mondo, multas laboro(1989). Kim Woo—Choong(1936). Tarad. Choe Taesok. Seoulo: Shin Cheon Ji, 1998. 219p. 22cm. 8.15 Euroj

경제나 상업을 주제로 하여 에스페란토로 쓴 책은 많지 않다. 그래서 나는 대우그룹의 창립자며 회장인 김우중 씨의 저서 에스페란토 번역본을 보고 반가워했다.

그러나 내용은 좀 당혹스러웠다. 저자인 김 씨는 자신의 철학, 생활방식,

업무방식을 분명하게 보여준다. 이 삼위일체가 그의 회사를 성장시키고 성공시켰다. 그러나 씨앗은 비옥한 땅에서만 자랄 수 있으며, 좋은 비료가 그 성장을 촉진할 수 있다.

한국전쟁 뒤, 한국의 상황에서는 모든 것이 결핍된 만큼 모든 산업과 상역 분야의 창업이 환영받았다. 정부는 창업에 호의적인 조건을 조성하여 기업 활동에 많은 편의를 제공했다. 그렇기 때문에 대우의 성공은 창립자의 능력으로만 이루어진 것이라고 생각되지 않는다.

그의 성공은 외부의 호의적인 조건에 힘입은 바 크다. 그는 그 조건들을 잘 활용했다. 이것이 바로 그의 능력이자 장점이었다.

그렇다 하더라도 우리는 이 책이 대략 10년 전에 출간된 것임을 잊어서는 안 된다. 그때 한국경제는 정점에 다다랐다. 이제 상황은 극적으로 바뀌었다. 정부가 대기업을 더 이상 감싸주지 않는다. 그러나 김우중 씨는 잘 알려져 있듯이 열정적이며 광적일 뿐만 아니라 공격적이고 능란한 방식으로 여전히 대우그룹을 이끌고 있다.

이 책을 잘 이해하려면, 이 책이 나오게 된 배경과 환경을 알아야 한다. 덧붙여 말하면, 자동차 '씨에로'(에스페란토로 '하늘')와 에스페로(에스페란토로 '희망')의 생산자인 그는 에스페란토 세계에서 어느 정도 특별한 관심을 끄는 미덕이 있다는 것이다. 그렇지 않은가? 전 세계에 퍼진 씨에로와 에스페로 자동차는 아마도 에스페란티스토 숫자보다 더 많을 것이다.

저자의 철학과 경륜이 보편적으로 따를 만한 것인지는 의심스럽다. 예를 들면, 제3장은 벨기에의 망해가던 정유공장을 인수한 것에 대해 쓰고 있는데, 적자 기업을 그가 어떻게 성공적 기업으로 바꾸었나 하는 본보기를 보여주기 위한 것이다.

유감스럽게도 이 이야기는 노트르담 사원이 안트워프에 있다고 증명하려는 것만큼이나 부적절하다. 김 씨는 이익을 내지 못하는 안트워프의 유니버설 정유공장을 1986년에 사들였다. 그 이유는 오로지 리비아 건설사업의 대가로 받은 원유를 싼 비용으로 정제하겠다는 것이었다.

그러나 대가로 받은 원유를 정제한 뒤에는 유니버설 공장을 되팔아 버렸다. 벨기에의 대우사람들이 헌신적으로 노력한 덕분에 새로운 정신을 일으켜서 증명된 김 씨의 경영철학이 이 때문에 달리 보이게 되었다.

최근에 나는 경제시찰단의 일원으로서 루마니아를 방문했다. 나는 다치아—프조 자동차 공장(현재 씨에로를 생산하고 있음)을 사들이는 조건으로 대우가 한국산 씨에로 1만 대를 무관세 수입해 달라고 요구했다는 것을 알게 되었다.

씨에로를 판 이익금은 루마니아 자동차 공장을 사들이는 데에 쓰였다. 그러니까 루마니아 사람들은 한국의 투자에 스스로 값을 치른 것이다. 대우는 루마니아 사람들을 한국에 연수하러 보내기로 결정했으나, 실은 그들을 한국 자동차공장에서 싼 노동력으로 썼다. 한국인과 루마니아인 사이의 불화로 파업과 분규가 발생했다. 나는 그러한 사실을 《세계는 넓고 할 일은 많다》에서 읽지 못했다.

배경 정보를 알고 있기에 나는 제25장을 조금 달리 읽는다. 한국이 곧 국제무대에서 중요한 구실을 맡게 된다고 그는 예견했다. 저자는 우리 모두가 한국어를 배우게 될 것이라고 확신했다. 저자는 한국 생산품이 끝마무리가 아직도 잘 되어 있지 않다고 지적한 것은 맞는 말이다.

전문가 양성을 역설한 것도 옳다. 창의성이 기업 활동의 가장 중요한 요소라는 그의 말은 옳다. 사실 복제품과 라이선스 제품 생산이 번창하고 새 기술이 없는 그 자신의 나라에서는 해야 할 일이 많다. 한국이 성취한 것은 찬양할 만하지만 그렇다고 세계의 중심이 되겠는가?

나는 감히 모순의 예를, 슬기롭게 말한 부분과 어리석게 말한 부분에서 번갈아 따올 수 있지만, 저자가 너무 단순화하거나 너무 일반화한 다양한 주제들을 입증하는 데에 국한하겠다. 그가 논증 없이 그럴싸하게 써놓은 것들이 흔하다. 양심, 도덕, 정신적 부, 교제, 유연성, 그리고 '나' '나' '나' 가 너무 많이 나온다.

결론적으로 이 책은 기업을 성공으로 이끄는 내부적 조건만을 제시하고 외부적 요소는 전혀 언급하지 않는다. 이 책은 한국에서 세 번째로 큰 기업체의 회장이 쓴 개성적인 기록이다. 유감스럽게도 좋은 주장과 충고가 우화, 작위성, 단순화, 기업적 맹목성, 일반화 등과 뒤범벅이 되어 있다.

하지만 그는 우리에게 일러준다.

"나는 일벌레다."

—네덜란드에서 케스 뤼그

케스 뤼그 씨도 김우중의 자서전 《세계는 넓고 할 일은 많다》에서 김우중의 무모함과 자기중심성을 비판하면서도, 역설적으로 그가 일벌레이라는 점은 인정할 수밖에 없다고 토로한다. 김우중의 일에 대한 뛰어난 집중력을 볼 수 있는 일면이다.

사람을 보면 세상이 보인다

—세계적인 인맥으로 세계 시장의 흐름을 간파한
  김우중의 세계 인맥경영

김우중이 협회회원으로 가입된 곳들은 하버드 경영대학원, 워튼—펜실베니아대학교 최고경영자 대학원, 미시간 주립대학교 상경대학부, 하노이의 베트남대학교 등이다. 하버드대학교에서 특강을 한 우리나라 인사들은 많지만 대학 측이 우리 기업을 성공사례로 케이스 스터디를 하기는 지난 80년대 대우그룹 김우중 회장의 이른바 '글로벌 경영'이 처음이다.

그는 또한 우크라이나 외국 자본협의회, 상하이 국제경영리더 협회

상하이 지부장, 아시아태평양 리더십 협회, 세계경제협회 회원을 역임하고 있다.

그의 수상 내역 목록을 정리하면 다음과 같다. 오른쪽 끝의 나라 이름들은 김우중에게 각 훈장이나 상을 수여한 나라들이다.

International Business Award — 미국

Order with the Grade of Grand Commander (Kingdom of Morocco) — 모로코왕국

Order of Dostlik (Uzbekistan) — 우즈베키스탄

Legion d' Honneur (France) — 프랑스

Honor Al Merito Grando Gran Cruz (Colombia) — 콜롬비아

Commander's Cross of the Order of Merit (Germany) — 독일

Commander of the Order of the Crown (Kingdom of Belgium) — 벨기에 왕가

Sitara—I—Pakistan (Pakistan) — 파키스탄

Order of the Two Niles (Sudan) — 수단

(출처: Central Europe Automotive Report)

세계 유명 언론들이 파악한
김우중의 성과

　　뉴욕 타임스는 1999년 10월 3일자 기사에서 '1967년 1만 불의 차용금으로 시작한 김우중의 대우 스토리는 이 점에서 전형적이다. 1967년 이후 8년 만에 대우는 작은 섬유 무역회사에서 3만 5천명의 직원을 가진 거대한 기업으로 성장했다. 대우그룹은 곧 세계에서 가장 거대한 조선소를 가지게 되며, 또한 금년 초까지만 해도 직원 수만 10만 명에 800억불의 매출을 자랑했다' 라고 보도하고 있다.

　　비즈니스 위크 지도 2001년 1월 8일자 기사에서 '김우중 대우그룹의 창시자, 작은 섬유 무역회사를 한국에서 두 번째로 큰 그룹으로 만든 인물로 존경받고 있다'고 그의 성과를 소개했다.

아시아 위크 지는 2003년 7월 18일자에서 김우중을 '자본금 1만 불로 대우그룹을 시작해 한국에서 2번째 가는 거대한 재벌로 만들었다'고 보도했다.

포춘 지의 김우중 전 회장 독점 인터뷰 기사(2003. 1. 22)는 '김우중 전 회장 수배되다'라는 제목으로 실렸다.

포춘 지와의 독점 인터뷰에서 한국의 김우중 전 대우그룹 회장은 지난 삼 년간의 은둔생활 끝에 처음으로 자신이 겪은 온갖 우여곡절과 외국의 망명생활에 대해 입을 열며 또한 한국으로 돌아가고픈 심정을 피력했다. 포춘 지의 루이스 크라 기자와의 인터뷰는 동남아시아의 밝혀지지 않은 장소에서 가진 네 차례의 만남을 통해 이루어졌으며, 기사는 1월 27일에 신문가판대와 포춘 지 웹사이트에 배포되었다.

김 전 회장은 지난 1999년 대우그룹이 650억 달러의 부채를 짊어지고 파산을 하면서 사라진 후로 대우 직원들로부터는 매도되고, 검찰로부터는 죄인의 낙인이 찍힌 몸이 되었다. 그러나 김우중 전 회장은 포춘 지와의 인터뷰에서 자신이 한국을 떠난 것은 검찰의 기소를 피하기 위해서가 아니라 정부 고위 관료들의 촉구 때문이었다고 한다.

김 전 회장은 대우를 파멸로 몰고간 정치적 모함과 정부의 실수에 대한 이야기를 털어놓았다. 김 전 회장은 분식회계를 한 혐의도 인정하고 있으며, 1999년 10월 이후의 자신의 행방에 대하여 상세히 이야기했다. 다음이 인터뷰의 내용이다.

김 전 회장은 프랑스에서부터 파키스탄에 이르기까지 정치 지도층과 긴밀한 관계를 형성함으로써 대우의 국제적인 사업 망을 구축했다. 김 전 회장은 서방에서는 위험부담을 느끼는 제3세계 시장에 과감히 발을 들여놓았다.

하지만 그의 전략이 실패하고 대우가 흔들리기 시작했고, 김 전 회장은 한국 정부의 도움의 손길을 기대했다고 김우중 전 회장을 인터뷰한 루이스 크라르 기자는 전했다. 하지만 정부 관리들과의 마찰이 계속되는 가운데 김 전 회장은 채권과 어음으로 시장에서 살아남기 위해 필사적으로 노력해야만 했다.

정부는 대우의 부채를 장악했으며, 이는 그룹 전체가 간접적인 국영화가 된 셈이었다. 그 결과 대우그룹은 파산에 이르게 되었다. 크라르 기자는 말했다.

"사실상 한국 정부 관리들은 김 전 회장에 대해 정치적, 경제적 실수를 했다고 판단했을 것이다."

다음은 인터뷰 기사를 그대로 발췌하여 옮긴 것이다.

김우중 전 회장은 김대중 대통령과 고위 보좌관들이 1999년 김 전 회장에게 부채 조정을 하는 동안 나라 밖으로 나가 있으라고 했다며, 형사 처벌만은 면하게 해줄 것을 약속했다고 주장했다. 또한 김 전 회장이 돌아오면 대우자동차를 경영하게 해줄 것이라고 했다고 한다. 김우중 전 회장의 말이다.

"대통령이 직접 나한테 전화를 해서 워크아웃이 있기 전에 잠시 동안 나가 있으라고 말했습니다."

김 전 회장은 대우의 분식회계를 인정한다. 그는 '그게 그리 큰 문제는 아닙니다'라고 말했다. 대우의 고위 경영자와 회계직원 스무 명은 2001년에 부정행위를 한 혐의로 기소되었으며, 1997년과 1998년에 회사 자산을 300억 달러로 부풀린 혐의 역시 인정되어 6개월을 복역했다. 한편 김 전 회장의 변호사에 따르면 정확한 금액은 120억 달러라고 포춘 지는 전했다.

김 전 회장은 자신의 치명적인 판단착오도 인정하고 있다. 자동차 업계에서 세계적인 기업으로 우뚝 서려고 했던 것에만 지나치게 주력했던 것이다.

"내 실수는 욕심이 너무 많았던 것이었습니다. 특히 자동차에 대해서였지요. 너무 많은 것을 너무 빨리 이루려고 했었습니다. 15년이 걸릴 일을 단 5년 만에 하려고 시도했던 것이지요. 그게 내 실수였어요. 규모의 경제를 성취하기 위해서 우리는 시장이 형성되기도 전에 투자를 한 후 차를 팔 방법을 찾아야 했지요."

현지에서 본 대우의 기적 (발췌정리)

— 동유럽의 '대우 붐' 현장 폴란드를 가다

여러 해 전, 철학자 김용옥 씨는 대우 김우중 회장과의 대화를 기록한 그의 저서 《대화》중에 한국 기업인들을 다른 분야의 인사들과 비교해 설명했다.

그는 한국사회를 이끌어가는 기업과 언론, 학계의 중견인사들을 비교하며 대학교수는 일단 임명되기만 하면 누구의 간섭도 받지 않고 교수연구실에서 자신의 성을 만들어 안주하다보니 독선이 많고, 유난히 한국사회에서 큰 영향력을 지닌 언론인들 역시 그 힘이 커지다보니 부패구조에 물들어 있다는 것이다.

이에 비해 기업은 한국사회의 어느 분야보다 더 생동하고 건강한 조직이라고 김 씨는 평가했다. 무한경쟁의 시장은 그 구성원들에게 인간과 세계에 대한 가장 적극적인 인식과 실천을 요구하고 있으며, 이런 구조적인 조건에 적응하기 위해서는 어떠한 아집이나 편견도 용납하지 않기 때문이다.

지난 9월 5~6일 양일간 폴란드 바르샤바에서 열린 '폴란드 대우자동차 2000' 행사에 참가하고 난 뒤 편집자는 김용옥 씨의 이 같은 발언이 떠올랐다.

적자에 허덕이며 조업상태가 좋지 않았던 폴란드의 대표적인 국영 자동차회사를 인수한 지 불과 2년 만에 대우는 놀랄 만한 일을 해냈다. 공장 바닥에 수북하게 쌓인 먼지를 걷어내 한국에서 가져온 새로운 라인 설비를 갖추고 신차를 출고하기 시작한 것이다. 이를 기념하기 위한 바르샤바 행사에 편집자가 참석했다.

파리 샤를 드골 공항에서 전세기를 타고 두 시간 반, 비행기 여행하기에 가장 적당한 시간이 지나 바르샤바에 도착했다. 한국의 시외버스 터미널을 연상시키는 바르샤바 공항에서 프랑스 주재 한국기자 일행 7명은 승합차를 타고 시내로 들어섰다. 구름이 잔뜩 낀 매우 흐린 날이었다.

바르샤바 거리 풍경은 유럽의 다른 도시들과 뭔가 다르다는 느낌을 주었다. 곧 거리에서 상점을 여간해서 찾기 어렵고 대형 아파트들이 많다는 것, 그리고 차들이 많지 않아 한산하다는 느낌이 바로 그것이었다. 이따금씩 매우 낡아 보이는 전차들이 거리를 지나는 것도 색다르게 보였다. 일행을 태운 자동차는 끊임없이 덜컹거렸다. 노면상태가 좋지 않은 것 같았다.

반면에 거리 곳곳에 잘 자란 나무들이 우거져 있었다. 이 나무숲이 흐린 날씨와 어울려 도시 전체가 깊은 정취를 내뿜고 있었다.

대우자동차 폴란드 지사에서 나온 담당자는 파리에서 온 일행을 먼저 대우―FSO 공장으로 안내했다. 33만 평에 이르는 공장부지에 폴란드인 직원이 모두 2만 1천 명, 이정도의 규모라면 프랑스에서도 하나의 도시에 버금 간다고 할 수 있다.

생산 라인에 들어서니 안내자는 공장현황을 설명한다. 그중에 기자들을 놀라게 한 것은 이 FSO(국영승용차회사) 공장에서 이미 1951년도에 처음으로 자동차를 만들어 출고했다는 사실이었다. 그 당시 전쟁의 와중에 있던 한국에서 보기에 폴란드는 쳐다볼 수도 없었던 '선진공업국'이었을 것이다. 이 공장을 지금은 한국 자본과 기술로 경영하고 있다.

한국의 대우자동차 공장들과 비교하면 이 공장은 다소 산만해 보였다. 그러나 공장의 최종라인에는 깨끗하게 잘빠진 라노스가 맵시를 뽐내고 있었다. 다른 한쪽에는 낯설게 보이는 자동차들이 출고를 기다리고 있었는데, 이 공장에서 본래부터 생산하던 '폴로네즈'다. 대우는 공정을 이원화해서 라노스와 함께 이 자동차를 동시에 생산하고 있었다. 이 공장에는 1시간당 30대의 자동차가 출고되고 있다. 2분에 1대꼴이다.

지난 1995년11월 FSO의 지분 70%를 인수해 경영권을 확보한 이후, 대우는 기존 설비를 들어내고 한국에서 라인 설비 일체를 들여왔다. 2년 만에 이제 라노스 1호 차가 출고되고 있는 것이다.

그러나 재작년 FSO를 인수할 즈음에 이미 그전에 인수했던 루블린 시에 소재한 FSL 공장에서 넥시아와 티코를 생산하고 있었다. 그러므로 이번 라노스 생산이 특별한 의미를 갖는 것은 아니었다. 다만 전에는 반제품을 한국에서 들여와 현지에서 조립했으나, 이제는 완전한 부품조립 생산이라는 점이다.

이번 '폴란드 대우자동차 2000' 행사는 이를 기념하고 동시에 레간자와 라노스, 누비라 등 3종의 자동차를 동시에 유럽 시장에 선보이는 것을 알리기 위한 것이다.

다음 날인 10월 7일에는 폴란드 대통령을 비롯해 정부 인사들과 유럽 각국의 기자들, 그리고 자동차 딜러들 1천 명을 초청한 가운데 성대한 기념식을 갖게 된다. 대우 측에서는 김우중 회장을 비롯하여, 그룹회장 11명이 서울에서 달려왔다. 대우의 최고사령탑 모두가 이곳으로 옮겨온 것이다.

안내자는 이 공장을 처음 인수했을 당시 사정을 설명한다. 공장 바닥에 먼지가 눈처럼 수북하게 쌓여, 치우는데 무척 애를 먹었다니 다른 사정은 말할 것도 없다. 인수 당시 286이나 386급 컴퓨터 40여 대가 있었던 이 공장에 지금은 펜티엄급 컴퓨터만 4천 대가 설치되어 각 공정을 관리하고 있다.

지난 1995년 10월, 이 공장 인수계약서에 서명을 하기 직전에 가장 어려웠던 문제 중의 하나는 2만여 명에 이르는 노동자들의 처리 문제였다. 당시 경합을 벌였던 미국의 GM사는 5천 명만 남기고 해고하겠다는 방침이었던 반면, 대우는 인원을 모두 유지하겠다고 했다. 노조가 강한 공산주의 나라에서 승부는 그렇게 결판이 났다.

노동자들은 아침 8시에 출근해 오후 4시까지 일한다. 오후 3시에 출근한 노동자들과 2교대로 조업하고 있다. 오전 출근자는 그러므로 점심식사 시간도 없이 8시간을 쉼 없이 일하는 셈이다.

노동자들 자신이 이런 방식을 원한다고 대우의 안내자는 설명한다. 식사는 작업 중간에 주어지는 여러 번의 휴식시간을 이용해 해결한다. 이 같은 변칙적인 근무방식은 노동자들이 조금이라도 더 일찍 퇴근해 집에 돌아가 개인생활을 즐기기 위한 욕구 때문이라고 한다.

서울에서 파견된 대우 직원들이 퇴근시간도 없이 주말도 없이 일하는 것과 비교가 된다. 그래서 대우 주재원 가족들은 가장이 일찍 퇴근하고 돌아와 정원에서 한가롭게 잔디를 깎거나 집 수선을 하는 이웃의 폴란드 가정을 들여다보며 한숨을 쉬곤 한다.

대우―FSO 공장에는 4개의 노조가 있는데, 이들은 작년 외국계 자동차 회사가 폴란드에 진출하려 했을 때 자신들의 직장인 대우 FSO를 지키기 위해 앞장서서 정부에 반대 여론을 조성해 무산시키기도 했다고 한다.

그래서 대우 경영진은 노조가 어렵고도 고마운 존재다. 대우의 한 간부는 아직도 사회주의 시절의 분위기에 젖어 있는 이들을 보다 더 잘 이해하기 위해서는 우리도 그들의 이념을 잘 이해해야 한다고 말한다. 의미 있는 말로 들렸다.

더구나 현재 폴란드는 연대노조를 이끌던 바웬사 대통령이 1995년 11월 선거에서 패한 이후 공산당 출신 대통령 크바니에프스키가 집권하고 있다.

몇 해 전에 대우는 김우중 회장의 지시로 운동권 출신 1백여 명을 특채했다. 그 당시 여론은 매우 뜻밖이라는 반응을 보였다. 이들 중에는 산업현장에 위장 취업해 파업을 선동했던 사람들도 포함되어 있었기 때문이었다. 김 회장은 바로 지금과 같은 상황까지도 미리 내다보고 있었던 것이 아닐까.

폴란드는 과거 공산주의국가였는가 하면, 인구의 90%가 가톨릭 신자인 가톨릭 국가이기도 하다. 이 같은 사실은 공산주의 체제가 공고했던 1978년 당시에 폴란드 추기경이 요한 바오로 2세 로마 교황으로 선출된 사실이 잘 말해준다.

지난 1980년, 동구체제의 정체성을 뒤흔들었던 바웬사의 연대노조 운동이 폴란드에서 발생한 것도 국민들의 정신생활을 지배하고 있었던 가톨릭의 영향 때문이라고 보는 시각도 있다.

폴란드는 또한 지정학적으로 독일과 러시아 등 강대국 사이에 끼어 있어 역사 속에서 수많은 고난과 시련을 겪어왔다. 이러한 역경을 견뎌내며 국민성이 단련된 것이다. 대우—FSO 공장의 한 간부는 폴란드 노동자들이 새로운 상황에 매우 잘 적응하고 있으며, 학습속도도 매우 빠른 편이라고 말한다. 이들의 능력이 만만치가 않아 놀랐다고 말한다.

일행은 공장을 나와서 바르샤바공과대학 건물에서 열린 레간자 발표회장에 도착했다. 행사장 입구에는 김우중 회장을 필두로 대우의 최고 사령탑들이 도열해 손님들을 맞이했다. 이 자리에는 서유럽에서 온 기자들 3백 명이 참가했다. 이튿날에는 배가 넘는 동유럽 쪽의 기자들이 참가할 계획이 잡혀 있다.

이런 색다른 초청행사에 대해 대우 측은 이렇게 설명한다. 최근 들어 유럽자동차 업계에서 언론인을 초청해 대규모 판촉홍보행사를 경쟁적으로 갖는 경향이 있으며, 폴란드 자동차 투자가 진출 2년여 만에 크게 성공했다고 보기 때문이다.

1996년에는 폴란드 연간 자동차 시장에서 13만 대를 판매해 32%의 시장점유율을 기록했다. 대우— FSO 공장에서 출고되는 폴로네즈 자동차 6만 대, 그리고 라노스 등이 7만 대를 점유했다. 나머지 30%는 동구의 전통적인 자동차인 '라다'가 차지해 경쟁관계를 이루고 있었다. 그러나 올해 판매 목표는 승용차 16만 대에 상용차 등 기타 4만 대를 포함해 20만 대이다.

동구에서의 이 같은 눈부신 활약은 프랑스와 비교하면 쉽게 이해가 된다. 프랑스의 지난해 대우자동차 판매 점유율을 보면 0.6%로, 현대 0.3%, 기아 0.1% 등 한국산 자동차 전부를 합해도 1%에 지나지 않는다.

이 같은 위업은 세계경영을 모토로 내세운 대우 최고경영진과 함께 대우—FSO 공장의 40명 직원과, 판매회사 첸트룸 대우에 소속된 16명이 이뤄냈다. 이외에도 대우전자 등 다른 계열사 직원까지 하면 폴란드 주재 직원이 모두 150명이다. 가족까지 더하면 5백 명에 가까운 인원이다. 그리고 라인의 설치와 같은 공장 프로젝트 사업들을 위해 팀별로 출장 나온 직원 3~4백 명이 상주하고 있다.

바르샤바에서 대우를 제외한 다른 한국 상사 주재원들은 모두 해서 백 명 정도밖에 되지 않는 것과 크게 비교가 된다. 이외에도 유학생이 백 명가량 되는데, 쇼팽의 나라이므로 피아노 등 음악을 공부하는 학생이 많다고 한다. 5년마다 개최되는 '쇼팽 피아노 콩쿠르'를 비롯해 음악관련 축제가 많이 열리는 것은 이런 배경 때문이다.

서울에서부터 시작된 '대우 모터 2000 캠페인'은 2000년까지 국내생산 1백만 대, 해외생산 1백50만 대를 목표로 하고 있다. 이중 국내생산량은 이미 달성되었다. 해외부문에서 폴란드의 몫은 50만대 생산으로 국외 투자지역 중에서 가장 많다.

유럽지역에서의 대우자동차 판매량을 기준으로 보면, 폴란드가 단연 1위이며 그다음 순위를 영국과 독일이 잇고 있다. 폴란드에 투자하는 외국기업 중에서도 대우는 단연 1위의 위치에 있다. 대우의 투자 덕분에 한국은 투자국 중에서 1위의 나라가 되었다.

그래서 폴란드는 동유럽에 일고 있는 '대우 붐'의 진원지라 할 만한 곳이다. 동구 여러 나라 중에서도 김우중 회장이 가장 자주 들르는 곳이 폴란드이다. 동유럽 진출의 모범사례로 알려진 곳이다.

폴란드 진출 2년 만에 이룩한 이 같은 성과는 거의 기적으로 평가받고 있다. 폴란드를 가로지르는 비스와 강에 빗대서 사람들은 '비스와 강의 기적'

이라고 말하기도 한다.

—바르샤바에서 김제완 편집인

중국 상하이 발 연합뉴스 특파원의 글도 김우중 회장의 무모한 것만 같은 세계경영의 명암을 생각하게 한다.

다음은 2003년 4월, 김우중이 유랑의 길을 떠나기 전, 마지막 공식행사에 참석했던 중국 옌타이에 있는 대우굴삭기 공장을 방문하고 나서 쓴 특파원의 기자수첩이다.

〈기자수첩〉

'김우중의 후예들 중국에서 맹활약' (상하이＝연합뉴스, 이우탁 특파원)

"회장님이 오늘 이 자리에 계셨으면 얼마나 좋아하셨을까!"

사스 파문이 본격화되던 지난 4월 18일, 중국 옌타이(煙台)에 있는 대우중공업 연태유한공사에서는 대우굴착기 1만 대 판매 돌파 기념식이 있었다. 이 자리에 참석한 채규전(蔡奎全) 총경리를 비롯한 대우맨들은 하나같이 김우중(金宇中)회장을 생각하며 상념에 젖는 모습이었다.

김 회장은 1999년 10월, 이곳에서 열린 대우자동차 중국공장 준공식에 참석한 뒤 귀국하지 않은 채 3년 반이 넘는 유랑의 길을 보내고 있다. 이제는 객관적으로 김우중 회장과 연결고리가 없는 대우 사람들을 이토록 감성에 젖게 한 것은 김 회장이 지난 1993년 선언한 세계경영과 깊은 연관이 있다.

무모한 도전처럼 비쳐졌지만 결국 김 회장의 개척정신이 10년이 지난 오늘에 와서 중국 땅에서 의미 있었음을 세상 사람들에게 실감시켰기 때문이라는 것이다. 이들의 자부심은 결코 자만이 아닌 듯했다.

대우굴삭기는 현대와 함께 중국굴삭기 시장을 절반 이상 점유하고 있다. 지난 한 해 동안 3천833대(20억 위안. 약 2억 4천만 달러)의 굴삭기를 팔아 전년 대비 76.4%의 신장세를 보였다. 매출이 2억3천만 달러, 당기순이익이 2천159만 달러에 달했다. 1만대 돌파에 7년이 걸렸지만 2만대 돌파는 내년 10월께면 가능하다고 채 총경리는 강조했다.

또 ㈜대우(현, 대우인터내셔널)가 1996년 헤이룽장(黑龍江)성에 세운 무단장시대우제지는 이제 완전히 수익구조가 정착되어, 내년에는 설비를 현재의 3배로 늘릴 계획이며 차스닥 상장도 준비하고 있다.

상하이(上海) 등 중국 5개 지역에 위치한 운수법인은 이제 모기업인 대우인터내셔널에 거액의 배당을 할 정도의 견실한 경영을 자랑하고 있다. 또 ㈜대우가 1억 달러를 투자해 해외법인으로는 최대 규모가 된 대우시멘트 산둥은 1997년부터 연간 240만 톤 규모의 시멘트를 생산, 지난 해 5천826만 달러의 매출과 1천735만 달러의 경상이익을 구현하기도 했다.

자동차 부분을 제외하고는 하나같이 성공가도를 달리는 대우기업들의 시작점에는 '무모하리만큼 도전적인 김 회장의 지시가 있었다'고 대우종합기계 이종욱 상하이 지점장은 강조했다.

대우기업들의 중국성공에는 철저한 현지화 전략이 주효했다.

개척정신으로 무장한 대우맨들은 돈 되는 곳이라면 어디든 중국 곳곳을 누비면서 현지인들과 완전히 호흡을 같이 했다는 것이다. 중국인들에게 '한국＝가까운 선진나라'를 상징해주는 대상에 대우는 항상 포함돼있다.

그렇지만 대우맨들은 완전한 기쁨을 누리지 못하는 듯했다. 회장님의 오늘 때문이다. 그리고 국가경제에 엄청난 충격파를 던진 대우사태의 파문이 아직 계속되고 있는 것도 어두운 표정의 한 요인인 듯했다.

그래서인지 대우맨들은 '김 회장은 죄인'이라는 일반 사람들의 시각을 쉽게 부인하지 못하고 있다. 자신을 영원한 대우맨이라고 소개하는 한 인사는 '42조에 달하는 분식회계라든가 방만한 경영이라는 딱지를 지울 수는 없을 것'이라며 '총체적인 부실의 책임은 최종적으로 회장님이 져야 한다는 데 이론이 없다'고 했다.

하지만 그는 '대우 몰락에는 정치적, 기업 문화적 요인도 매우 중요하게 작용했음을 부인해서는 안 된다'고 목청을 높였다. 소극적 경영의 상징처럼 여겨졌던 SK조차도 더 큰 규모의 부실회계가 드러난 만큼, 대우만이 비난의 대상으로 남아 있어서는 안 된다는 항변도 곁들였다.

도피 중에도 계속되었던
김우중의 세계경영의 흔적들

다음은 김우중 회장의 도피 중 관련된 외신기사를 모은 것이다.

김우중을 보호하는 프랑스

(프랑스 일간지 〈리베라시옹 Liberation〉, 2005. 3. 7.)

한국의 대우그룹 김우중 전 회장은 지난 4년간 인터폴의 추적을 받아왔
지만 프랑스에서는 정치적인 지지를 단단히 받고 있는 인물이다. 김 전회장

이 프랑스 정계와 친분을 쌓게 된 것은 1985년부터였다. 그 시작은 로렝 지역의 지역의회 의장인 제라르 롱귀와 만나게 되면서부터였다.

이듬해에 김우중 전 회장은 서울에서 당시 쟈크 시라크 프랑스 총리와 만나게 되며, 두 사람은 곧 두터운 친분관계로 접어들게 된다. 둘은 시라크 전 총리가 아시아를 방문할 때나 김우중 전회장이 프랑스에 머물게 될 때 계속해서 만났다.

이즈음에 김 전 회장은 아내와 두 자녀와 함께 프랑스에 귀화하게 되었는데, 귀화 인정서를 받은 날은 1987년 4월 2일이었다. 귀화 인정서는 당시 사회부 장관인 필리프 세귄이 직접 서명했다.

귀화 인정의 명분은 프랑스에 대한 특별 공로를 인정한다는 것이었다. 특별 공로가 무엇을 뜻하는 것인지는 자세히 알려져 있지 않으나, 1987년에 대우가 작은 전자오븐 공장을 연 것이 계기가 되었을지도 모른다.

이외에도 김 전 회장은 프랑스의 예우를 받았는데, 1996년 5월 28일 알렝 쥐페 총리의 이름으로 명예 지역 지도자로 임명받았다. 김우중 전 회장이 프랑스로부터 이런 보호와 예우를 받을 수 있었던 것은 무엇보다도 그가 프랑스 국적을 가졌기 때문이다.

프랑스는 자국민을 인터폴에 넘기는 일 따위는 하지 않는다. 따라서 인터폴의 활동은 차단될 수밖에 없었다.

전 세계가 뒤쫓는 김우중, 알사스에서는 귀빈 대접

(프랑스 일간지 〈리베라시옹 Liberation〉, 2005. 3. 7.)

김우중 전 회장은 1999년 대우가 파산을 맞은 후로 해외 도피 중이다. 그런 가운데 프랑스의 로르 차량 제조회사에 자문을 한 그의 역할이 인정받고 있다. 지난 1월 일간지 휴머니티(Humanity)에서 처음 밝혀진 그와 로르 회사와의 연관성이 이 회사의 창업자이자 회장인 로베르 로르가 본지에 직접 확인해주었다.

"우리는 서울과 부산을 포함한 한국의 세 개 도시에 지하철 차량을 판매할 계획입니다. 김우중 전 회장은 지난 1년 반 동안 우리 회사와 한국의 가교 역할을 해왔습니다. 우리가 차량의 최종 조립을 원활하게 하도록 현지의 회사와 협력관계를 맺는 데 조언을 해주었습니다. 김우중 전 회장 덕분에 현재 우리는 한국의 세 개 업체와 협의를 진행하고 있습니다."

로르 회장은 2003년 김우중 전회장과 함께 일을 추진하기 시작한 뒤로 김우중 회장과 만난 횟수가 적어도 세 차례는 된다고 전했다. 뒤피하임, 프랑크푸르트, 그리고 한국에서였다. '서울에서도 2003년 말과 2004년 초 사이에 만났습니다. 숨어서 만난 게 아니라 공공장소였습니다' 라고 밝히고 있다.

공식적으로는 김우중 전회장이 인터폴로부터 쫓기는 수배자이며 블랙리스트에 여전히 이름이 올라 있지만, 인터폴에 따르면 자체 사이트에서는 이름이 바로 삭제되었다고 한다. 그러한 사례는 관례에 따르면 본국인 한국에서 요청했을 가능성을 시사한다.

로르의 한국 사업의 파트너 격인 김우중 전회장의 도움에 만족하는 것으로 알려져 있는 로베르 로르 회장은 김우중 전 회장에 대하여 다름과 같이 말한다.

"한국에서 그 분은 오랫동안 대단한 기업가로 인식되어 왔으며, 좋은 이미지를 가지고 있습니다. 그런데 이제는 달라졌습니다. 그분이 매도당하는 느낌이 있습니다."

한편 김 전 회장의 귀국 전 연합뉴스 하노이 특파원 발 보도에 따르면, 김 전 회장이 종적을 감춘 이후 주로 체류한 곳은 베트남이다. 이 보도에서 정통한 현지 소식통은 베트남이 아시아권에서는 중국 다음으로 높은 연 7%대의 고도성장을 구가하게 된 시발점은 도이 모이(개방) 정책인데, 이를 강력히 추진하게 된 데는 김 전 회장의 조언도 상당한 영향을 끼쳤다고 지적했다.

이를 테면 적극적인 외국자본 유치를 통한 수출 주도형 산업기반 구축과 국토개발이 경제성장의 원동력이라는 김 전 회장의 조언이 주효한 것으로 판명되었다. 그런 까닭에 그에 대한 베트남 지도부의 '대접'이 각별하다는 얘기다.

특히 도이 무어이 전 당서기장, 보 반 끼엣 전 총리 등 여전히 막강한 영향력을 행사하는 정계 원로들은 김 전 회장에 대해 '마음의 빚'을 지고 있는 것으로 알려져 있다. 그래서 갈 곳이 없는 그에게 '임시 피난처'를 제공해 주었다는 것이 이 소식통의 설명이다.

소식통에 따르면 김 전 회장이 베트남 경제계획의 사령탑격인 총리실 직속 국가혁신위원회 비상임위원으로 일하고 있는 것도 이와 무관치 않다. 소식통은 또 '김 전 회장은 정계와 관계 실력자들을 만난 자리에서 〈베트남이 한국의 개발과정과 너무 유사하기 때문에 한국의 경험과 전문 인력을 제공받을 필요가 있으며, 여건이 허락된다면 앞으로 이를 적극 지원하겠다〉는 의사를 밝힌 것으로 안다'고 주장했다.

김 전 회장은 또 대우 사태로 축소된 하노이 신도시개발 사업을 포기하지 않았다. 오히려 여러 경로를 통해 결국 대우건설을 주간사로 13개사(현재는 6개사만 참가)가 참가하는 신도시 사업컨소시엄을 구성하는 데 결정적 역할을 한 것으로 알려졌다.

그는 이 사업의 조기 성사를 위해 당시 임상용 병원시설을 갖추지 못한 하노이의대에 병원 건립을 제의하고, 자신이 회장 재직할 당시 세운 아주대와 의대 차원의 교류를 추진하게 했다는 사실이 밝혀졌다.

같은 하노이 발 연합뉴스 보도에 따르면 김 전 회장의 베트남 체류 과정에서 가장 큰 도움을 제공해온 업체는 프랑스의 철도차량 전문업체인 로르사라는 사실은 이미 잘 알려진 사실이다. 김 전 회장은 바로 그 회사의 아시아권 고문으로 있으면서, 고정된 보수를 받고 있기 때문이다. 체재비와 치료비 가운데 상당 부분이 이 회사로부터의 보수에서 나온 것으로 알려지고 있다.

로르 사가 김 전 회장을 고문으로 활용하는 이유는 간단하다. 대우 회장 시절 구축해놓은 아시아권, 특히 베트남 정관계 실세들과의 친분이 사업의 성공적인 추진에 결정적인 영향력을 행사한다는 판단에서이다.

실제로 로르 사는 하노이 시가 만성적인 교통난 해소를 위해 구상 중인 전철사업과 서울의 강남권으로 부상한 하노이대우호텔 맞은편 부지에 65층 규모의 주상 복합건물을 건립하려는 계획을 성공시키기 위해서는 김 전 회장의 도움이 절대적으로 필요한 상황이라고 현지 소식통은 전했다.

소식통은 이 주상 복합빌딩 건립 계획은 일부 보도에서처럼 김 전 회장이 직접 돈을 들여 추진하는 것이 아니라, 구미의 일부 투자자들로부터 펀딩을 받은 로르 사가 추진하는 것이라고 설명했다.

하노이에 체류하면서 K컨설팅업체를 운영 중인 최측근 K모(64)씨가 로르 사와 관계된 회사의 베트남 연락사무소 대표로 등록되어, 김 전 회장과 함께 베트남의 유력인사들을 상대로 로비활동을 벌이고 있는 사실도 이를 증명한다고 전했다.

귀국을 전후한 해외언론 보도

　귀국을 전후한 해외 언론 보도는 일부 예외가 있기는 하지만 대체로 김 전 회장에 대해 분식회계와 빚에 의한 무리한 사업 확장 등의 이유를 들어 비판적이다.

　경제금융정보 전문 서비스 블룸버그는 2005년 6월 17일, 기명 칼럼에서 대우의 역사가 한국경제 경험의 '축소판'이라며 김우중 전회장의 엄정한 처리가 한국이 외환 위기에서 벗어난 후 얼마나 성숙했는지를 가늠하는 중요한 척도라고 지적했다.

미국의 저명한 경제전문 칼럼니스트인 윌리엄 페섹은 칼럼을 통해 김 전 회장이 지난 2003년 1월 포춘 지와의 회견에서 '한국정부가 잘못했다' 는 식으로 주장한 뒤 다시 귀국해서는 본인의 잘못이라는 쪽으로 입장을 바꿔 4,800만 한국인을 우롱했다고 비판했다.

영국 BBC 방송 역시 김 전 회장의 귀국은 불명예스러울 정도로 느슨한 한국의 기업 지배구조를 정리하는 정부의 헌신 여부를 가늠할 테스트로 여겨진다고 보도했다. BBC는 앞서도 김우중 전 회장은 한국의 가장 유력한 비즈니스맨 중 한 사람이지만, 빚과 부실한 사업계획에 기초한 무리한 사업 확장이 화를 불렀다고 보도한 바 있다.

프랑스 일간 리베라시옹은 15일 김 전 회장의 귀국 발언과 검찰 출두 과정을 전하면서 '그를 프랑스 법정에 세워야 한다' 는 로렌 지방 옛 대우 공장 직원의 주장을 소개했다. 리베라시옹은 '로렌 지방에 있던 대우 공장 세 곳에서 근로자 1천 명 이상이 해고되었으며, 김우중 씨는 프랑스에서 파산을 공모한 혐의로 고소되었다' 고 보도했다.

일간 르 피가로는 '대우, 무너진 제국' 의 기사에서 '몽—생 마르탱

소재 대우—오리온 공장에서 일했던 106명이 노사분쟁조정위원회로부터 56만 유로의 손해배상을 받아냈다'고 전했다. 일간 르몽드도 언론의 주목을 받았던 그의 6년 도피 생활이 끝났다며 '김 전 회장은 30여 년 동안 200억~350억 달러를 횡령했다'고 보도했다.

TF1 등 프랑스 주요 TV 방송사들도 김전회장의 검찰 출두와 1996년 레지옹 도뇌르 수훈 등 프랑스와의 각별한 인연을 비중 있게 다루었다.

로이터 통신은 6월 15일자 보도에서 김 전 회장과 관련해 다음과 같이 보도했다.

"재벌 지도자들은 가끔 한국 경제를 한국전쟁의 잿더미에서 글로벌 자이언트로 한 세대 만에 변모시키기 위해 편안하면서도 때로는 의문스러운 정경유착의 고리를 가끔 형성했다. 김 전 회장은 불과 몇 천 달러를 가지고 섬유회사를 차린 뒤 수십 년 만에 한국 최대 재벌 중 하나로 성장, 한 때 30만 명 이상의 직원을 거느렸던 대우그룹을 만들어냈다. 대우는 토목건설, 자동차, 조선 등에 걸친 다국적 기업이었으나 1999년 붕괴 후 몇 개 회사밖에 남지 않게 되었다."

"김우중은 기업 마술사이자 경제성공의 모범으로 칭송받았다.《세계는 넓고 할 일은 많다》는 그의 자서전은 1990년대 초 젊은이들의 필독

서였다. 김 전 회장은 1967년 섬유 세일즈맨으로 시작해 1970~1980년
대 수출주도형 경제를 이끌었던 대우그룹을 만들었다.'

(UPI)

"1967년 섬유 세일즈맨으로 시작한 김 전 회장의 흥망성쇠는 1970년
대 한국경제 성장사의 판박이다. 한국의 군사정권은 값싼 대출과 세제
혜택으로 대우와 다른 몇몇 재벌들을 수출주도형 대량생산의 대기업들
로 키웠다."

(AP)

"김 전 회장은 그의 마케팅 실력에 감명 받은 사업가로부터 빌린 500
만 원을 종자돈 삼아 섬유 수출 비즈니스로부터 시작해 30년 만에 78조
원에 달하는 비즈니스 그룹을 형성했다. 절정기 때 대우그룹은 396곳의
해외 지사를 가지고 있었으며 자동차, 조선, 전자, 금융 등의 다양한 분
야를 아울렀다. 그런 지금 김 전 회장은 41조의 자산을 부풀려 10조원
을 대출받은 혐의를 받고 있다."

'IMF 위기 때 김 전 회장의 주된 반응은 긴축을 하는 것이 아니라 오
히려 지출을 늘리는 것으로 정부 측 입장에서 볼 때 눈의 가시였다' 고
인더스트리얼 리서치 & 컨설팅의 투자 컨설턴트인 행크 모리스는 말했
다. 행크 모리스는 한국에서 26년을 근무했다.

"도피를 하던 와중에도 김 전 회장은 대우그룹이 투자했던 나라들로 돌아다니며 대우사태로 인해 그간 맺어놓은 계약이 흔들리지 않도록 하려고 애썼다고 전 대우그룹 홍보 이사인 백기승 씨가 말했다. 대우자동차의 해외확장은 너무 많은 빚을 얻어 그룹을 키우려는 김 전 회장 전략의 전형적 예로 대우차는 97년 말까지 중국, 인도, 폴란드, 루마니아, 우즈베키스탄 등 14개국에 신설 또는 합작 공장을 지었다.'

(블룸버그 6월14일)

"1967년 섬유 세일즈맨으로 시작한 김 전 회장은 대체로 과거 권위주의 정권과의 끈끈한 유착관계를 통해 경영난에 빠진 기업들을 인수함으로써 그의 제국을 건설했다."

(다우존스 6월12일)

영국 BBC 방송은 6월14일자 김우중 관련 기사 중 '마이다스의 손'이라는 대목에서 다음과 같이 묘사했다.

'과거 재벌 지도자들은 최소한 공개적으로는 마치 기적을 일궈낸 아버지 같은 존재로 존경심의 대상이었다. 그 예로 김 전 회장은 '많은 한국인들로부터 세계화의 선구자로 생각 된다'고 참여연대의 김상조 경제개혁센터 소장이 말했다. '그의 귀국이 한국의 강한 민주주의 상징이든 아니면 약한 경제의 상징이든 간에 김 전 회장은 금융의 귀재로서의 명성을 지니고 있으며, 많은 한국인들이 여전히 그가 부를 은닉한 채 재기를 노리고 있다고 생각한다'고 김 소장은 말했다. '법적으로 김 전 회장은 자산이 하나도 없지만, 현실적으로 많은 국민들이 김 전 회장이 많은 자산을 가지고 있을 것이라고 생각한다'고 김 소장은 덧붙였다.

한편 김우중 전 회장에 대한 가장 최근 기사로 모스크바 발 연합뉴스 기사를 참조할 수 있다.

'김우중 전 회장은 재능 있는 사업가'

(모스크바=연합뉴스, 김병호 특파원)

'김우중은 재능 있는 사업가였다. 하지만 그는 삼성, LG와 달리 정부가 끝까지 대우를 비호해줄 것으로 믿었다.'

러시아 일간 이즈베스티야는 24일 오랜 도피생활 끝에 귀국한 대우그룹 김우중 전 회장의 영욕에 찬 삶을 소개하는 기사를 경제면 1개 면에 걸쳐 싣고, 그가 사업 과정에서 정부 도움을 많이 받기도 했지만 그의 활동은 한국경제발전과 궤를 같이 했다며 대체로 긍정적으로 평가했다.

이즈베스티야는 먼저 김 전 회장의 사업 스타일을 인간적인 경영에서 찾았다. 신문은 과거 대우그룹에는 가족 같은 분위기가 지배했으며, 김 전 회장은 불시에 공장을 찾아가 직원들과 만나 담소하고 초콜릿을 나눠주기도 했다고 전했다.

그는 회장이었지만 사무실에서 밤늦게까지 일하면서 사무실 한쪽에 마련된 소파에서 잠을 자기도 하는 등 직원들의 귀감이 되기도 했다. 그가 대우를 이끌면서 처음으로 휴가를 간 것은 1990년 자신의 아들이 교통사고로 사망한 때였다.

김 전 회장은 외국 지도자들과도 인간적으로 긴밀한 친분관계를 유지했으며 프랑스, 수단, 파키스탄, 베트남, 인도, 중국, 리비아, 이란 등 각국 정상들과도 무척 가까운 사이였다.

이즈베스티야는 사업가로서 김 전 회장의 재능을 보여주는 사례들을 몇 가지 소개했다.

그는 '위험이 높으면 수익도 크다'는 소신에 따라 이란—이라크 전쟁이 한창일 당시 이란으로부터 철도 터널공사를 수주했으며, 리비아에 대한 미국 측 경제 제재조치 와중에도 무아마르 카다피 리비아 국가원수와 17억 달러 상당의 계약을 체결했다.

김 전 회장은 매일 주요 바이어들과 레스토랑에서 만나 사업을 논의했는데, 그는 위스키 병에 담아놓은 보리차를 마시면서 말짱한 정신을 유지했다. 상대방은 김 전 회장이 마시는 것이 위스키가 아니라 보리차라는 것은 전혀 알아채지 못했다.

그는 또 아프리카 가나 정부와 계약을 체결할 때는 아침에 가나에 도착한 뒤 당일 저녁에 한국으로 돌아가는 강행군도 마다하지 않았다. 하지만 1995년 노태우 전 대통령 비자금 사건으로 그의 사업은 시련이 시작되고, 이후 아시아 외환 위기로 인해 대우의 부채는 계속 커져 갔다.

이즈베스티야는 삼성과 LG는 신속히 부채를 줄이고 수익을 높여나 갔지만, 김 전 회장은 정부가 그의 세계경영을 영원히 지지해줄 것을 믿었다고 지적했다. 하지만 신문은 박정희 전 대통령이 대우를 비롯한 특정 기업들에게 막대한 자금 및 세제 혜택을 제공했으며, 김 전 회장 부친이 박 대통령의 은사라는 이유로 김 전 회장은 재벌이 될 수 있었 다고 전했다.

이즈베스티야는 또 김 전 회장이 수년간 도피생활을 하던 중 "당시 김 대중 대통령이 전화로 내게 '얼마동안 나가있으라' 고 분명히 말했다"는 발언을 인용하기도 했다.

한편 이즈베스티야는 1980년대 중반까지 한국인들의 근로시간은 일 주일 중 6일을 매일 12시간씩 일했으며, 이 같은 근면함으로 인해 1990 년대 1인당 국민소득은 8천500달러로 인도의 30배를 넘게 되었다고 강 조했다.

―편집부 엮음

이지북의 경제경영서

나는 2천만원으로 한 달에 5백만원씩 번다

김동희 지음 | 값 14,700원

대한민국에서 가장 확실한 주식투자 전략서! 실전 투자의 최고수 김동희 소장의 노하우와 투자원칙을 실전사례를 통해 보여준다. 135가지의 실전사례로 익히는 주식투자의 비법. 불필요한 이론은 완전히 배제하고, 실전만을 소개한 주식투자의 전도서!

7일이면 돈이 주렁주렁 열리는 주식나무

이완배 지음 | 값 13,500원

무식한 사람도 주식 잘할 수 있다. 세상에서 제일 쉬운 주식투자입문서. 무턱대고 따라 해서 7일 만에 주식고수로 거듭난다. 주식투자에 꼭 필요한 사항들만을 자세하게 설명하고 있어 초보 투자자라도 충실한 투자전략을 세울 수 있도록 구성되었다.

한국에서 주식으로 돈 버는 100가지 방법

정광재 지음 | 값 14,700원

매경 이코노미 증권팀 기자가 주식시장 현장에서 전하는 100% 성공하는 투자전략. 불황에 더욱 빛을 발하는 주식투자 길라잡이. 철저하게 개인 투자자들의 입장에서 쓴 주식투자의 바이블이다.

한국에서 합법적으로 세금 적게 내는 100가지 방법

안만식 · 원종희 지음 | 값 13,500원

국세청 출신의 세금전문가들에게 배우는 절세 노하우. 알면 적게 내고, 모르면 더 내는 세금 절세의 비법을 전격 공개한다. 사례를 통해 쉽게 배우는 절세 노하우와 절세형 금융상품, 연말 정산 요령 등을 수록했다.

한국에서 불황에 경매로 돈 버는 100가지 방법

강은현 지음 | 값 14,700원

법원경매 전문가가 전하는 반드시 돈 버는 법원경매 실전 노하우. 불황엔 경매시장에 돈 되는 물건이 모인다. 규제에서 자유롭고 세금 부담 없는 경매 재테크 전략. 경매전문가가 엄선한 풍부한 실제 사례와 권리분석을 누구나 알기 쉽게 풀어썼다.

한국에서 저금리에 금융으로 돈 버는 100가지 방법

한예경 지음 | 값 14,700원

보험, 신용카드, 대출 등 알면 돈 되는 금융정보. 매일경제 금융부 기자가 전하는 저금리 시대를 이기는 금융 틈새 테크의 모든 것. 안전하고 살뜰하게 불리는 알토란같은 100가지 금융 재테크법.

한국에서 돈 버는 100가지 방법

손현덕 외 지음 | 값 13,000원

매일경제 베테랑 경제 전문기자 5인이 불황의 시대에 제안하는 새로운 재테크 전략. 부동산, 금융, 주식, 경매 등 각 재테크 분야의 전문가가 급변하는 한국 경제상황에 호흡을 맞춰 조간신문보다 더욱 신선한 알짜 정보를 제공한다.

1000만원부터 시작하는 액수별 맞춤 재테크

서양원 외 지음 | 값 13,000원

금융, 증권, 부동산, 창업 등 현장에서 활동 중인 전문기자 4인이 집중분석한 재테크 지침서! 각 분야의 재테크 트렌드를 읽고 활용 가능한 자금으로 어느 분야에서 목돈을 굴려나갈 것인지 전략을 수립한다.